FILLIPE AZEVEDO RODRIGUES

Advogado, Doutorando em Ciências Jurídico-Criminais pela Faculdade de Direito da Universidade de Coimbra e Mestre em Direito Constitucional pela Universidade Federal do Rio Grande do Norte (UFRN). Leciona nos cursos de Graduação e Pós-Graduação em Direito da Universidade Potiguar (UnP) e da Faculdade Maurício de Nassau. Atua, ainda, como Conselheiro do Conselho Penitenciário do Estado do Rio Grande do Norte, Parecerista do Comitê de Ética em Pesquisa da UnP e Líder do Grupo de Pesquisa em Ciências Criminais (GPCrim - CNPq) na mesma Instituição, bem como é Investigador do Instituto Jurídico Portucalense (IJP) da Universidade Portucalense, Porto - Portugal.

LILIANA BASTOS PEREIRA SANTO DE AZEVEDO RODRIGUES

Advogada no Brasil e em Portugal, Doutoranda em Ciências Jurídico-Criminais pela Faculdade de Direito da Universidade de Coimbra e Mestre em Ciências Jurídico-Empresariais pela Universidade Portucalense e UFRN. Leciona nos cursos de Graduação em Direito da Faculdade Estácio de Sá, da Faculdade Maurício de Nassau e da Faculdade Natalense de Ensino e Cultura (FANEC - UniP), bem como é Investigadora do Instituto Jurídico Portucalense (IJP) da Universidade Portucalense, Porto - Portugal.

LAVAGEM DE DINHEIRO E CRIME ORGANIZADO:
DIÁLOGOS ENTRE BRASIL E PORTUGAL

Belo Horizonte
2016

Copyright © 2016 Editora Del Rey Ltda.

Nenhuma parte deste livro poderá ser reproduzida, sejam quais forem os meios empregados, sem a permissão, por escrito, da Editora.
Impresso no Brasil | *Printed in Brazil*

EDITORA DEL REY LTDA.
www.livrariadelrey.com.br

Editor: Arnaldo Oliveira

Editor Adjunto: Ricardo A. Malheiros Fiuza

Editora Assistente: Waneska Diniz

Coordenação Editorial: Wendell Campos Borges

Diagramação: Lucila Pangracio Azevedo

Revisão: RESPONSABILIDADE DOS AUTORES

Capa: CYB Comunicação

Editora / MG
Rua dos Goitacazes, 71 – Sala 709-C – Centro
Belo Horizonte – MG – CEP 30190-050
Tel: (31) 3284-5845
editora@delreyonline.com.br

Conselho Editorial:
Alice de Souza Birchal
Antônio Augusto Cançado Trindade
Antonio Augusto Junho Anastasia
Antônio Pereira Gaio Júnior
Aroldo Plínio Gonçalves
Carlos Alberto Penna R. de Carvalho
Dalmar Pimenta
Edelberto Augusto Gomes Lima
Edésio Fernandes
Felipe Martins Pinto
Fernando Gonzaga Jayme
Hermes Vilchez Guerrero
José Adércio Leite Sampaio
José Edgard Penna Amorim Pereira
Luiz Guilherme da Costa Wagner Junior
Misabel Abreu Machado Derzi
Plínio Salgado
Rénan Kfuri Lopes
Rodrigo da Cunha Pereira
Sérgio Lellis Santiago

R696l   Rodrigues, Fillipe Azevedo
        Lavagem de dinheiro e crime organizado: diálogos entre Brasil e Portugal. / Fillipe Azevedo Rodrigues e Liliana Bastos Pereira Santo de Azevêdo Rodrigues. Belo Horizonte: Del Rey, 2016.
        xviii + 96 p.

        ISBN: 978-85-384-0456-9

        1. Lavagem de dinheiro, Brasil, Portugal. 2. Crime organizado, Brasil, Portugal. I. Rodrigues, Liliana Bastos Pereira Santo de Azevêdo. II. Título.

        CDU: 343.911 (81:469)

"Ao nosso pequenino Eduardo, com amor".

SUMÁRIO

PREFÁCIO...xi
APRESENTAÇÃO..xv

1 – CRIME ORGANIZADO E A TUTELA PENAL DO BRANQUEA-
MENTO DE CAPITAIS: UM ESTUDO CRÍTICO A PARTIR DO DIREI-
TO PENAL DO BEM JURÍDICO
1.1 INTRODUÇÃO 1
1.2 SOCIEDADE CONTEMPORÂNEA E BRANQUEAMENTO DE
    CAPITAIS...3
1.3 A INDEFINIÇÃO DO BEM JURÍDICO PROTEGIDO PELO
    DELITO DE BRANQUEAMENTO DE CAPITAIS E SUA
    INCOMPATIBILIDADE COM O DIREITO PENAL ECONÔMICO.....9
1.3.1 Direito Penal do Bem Jurídico 9
1.3.2 Bem Jurídico e Branqueamento de Capitais 11
1.4 CORRELAÇÃO COM DELITOS DE CRIME ORGANIZADO:
    COMPARTICIPAÇÃO (OU PLURISSUBJETIVIDADE)
    NECESSÁRIA DO BRANQUEAMENTO DE CAPITAIS.............22
1.5 CONCLUSÃO..27
REFERÊNCIAS 29

2 – CRIMINALIDADE ORGANIZADA NO BRASIL E EM PORTUGAL:
QUESTÕES PENAIS E PROCESSUAIS PENAIS
2.1 INTRODUÇÃO...33
2.2 EM BUSCA DE UM CONCEITO DE CRIMINALIDADE
    ORGANIZADA...34
2.3 EVOLUÇÃO DO DIREITO POSITIVO BRASILEIRO NA
    REPRESSÃO AO CRIME ORGANIZADO.................................41
2.3.1 Redação Original do Código Penal (Decreto-Lei n.º 2.848/1940):
    o delito de quadrilha ou bando como a primeira medida de
    repressão 41

v

2.3.2 Lei Federal n.º 9.034/1995 (alterada pela Lei Federal n.º 10.217/2001): organizações criminosas e meios ocultos de obtenção de prova 43

2.3.3 Lei Federal n.º 9.613/1998 (alterada pela Lei Federal n.º 12.683/2012): organização criminosa como crime antecedente à lavagem de dinheiro? 46

2.3.4 Decreto Federal n.º 5.015/2004: promulgação da Convenção de Palermo no Brasil 48

2.3.5 Lei Federal n.º 11.343/2006: a associação para o tráfico de drogas e as figuras do financiador e do colaborador como tipos autônomos.. 49

2.3.6 Código de Processo Penal (redação da Lei Federal n.º 11.900/2009) .. 50

2.3.7 Lei Federal n.º 12.694/2012 e Lei Federal n.º 12.850/2013: finalmente um conceito de organização criminosa, porém há muito ainda por esclarecer 51

2.4 EVOLUÇÃO DO DIREITO POSITIVO PORTUGUÊS NA REPRESSÃO AO CRIME ORGANIZADO

2.4.1 Constituição da República Portuguesa: conceito constitucional de criminalidade altamente organizada 55

2.4.2 Código Penal Português (Decreto-Lei n.º 400/82 e Decreto-Lei n.º 48/95) 55

2.4.3 Código de Processo Penal: uma tentativa de conceito e uma série de referências 57

2.4.4 Lei n.º 36/94, Lei n.º 101/2001 e Lei n.º 5/2002: sistema processual de combate à criminalidade organizada e econômico-financeira 60

2.5 (I)LEGITIMIDADE CONSTITUCIONAL DOS NOVOS MEIOS OCULTOS DE INVESTIGAÇÃO CONTRA O CRIME ORGANIZADO 62

2.6 CONCLUSÃO 66

REFERÊNCIAS 67

3 – O PAPEL DO ESTADO REGULADOR NO BRANQUEAMENTO DE CAPITAIS

3.1 INTRODUÇÃO 71

3.2 BRANQUEAMENTO DE CAPITAIS 72

3.2.1 Definição e origem de Branqueamento 72

3.2.2 Importância da Determinação do Bem Jurídico protegido 73

3.2.3 Qualificação do Bem Jurídico no Crime de Branqueamento de Capitais 75

3.3 A FUNÇÃO DO ESTADO REGULADOR NO BRANQUEAMENTO 79

3.3.1 A função do Estado Regulador 79

3.3.2 A Importância do Estado Regulador no Branqueamento de Capitais 80

3.3.3 Evolução Legislativa referente ao Branqueamento 82

3.4 A INTERVENÇÃO DO ESTADO NO BRANQUEAMENTO: LEI 25/2008, DE 5 DE JUNHO 83

3.4.1 Disposições Gerais 83

3.4.2 Conceitos e Âmbito de Aplicação 83

3.4.3 Deveres das Entidades Sujeitas 84

3.4.3.1 Deveres Gerais 84

3.5 CONCLUSÃO 92

REFERÊNCIAS 93

PREFÁCIO

É com inconteste satisfação que descortino à apreciação da comunidade jurídica o livro "Lavagem de Dinheiro e Crime Organizado: diálogos entre Brasil e Portugal", da autoria dos Professores Fillipe Azevedo Rodrigues e Liliana Bastos Pereira Santo de Azevêdo Rodrigues. Cuida-se de uma instigante seleta de capítulos envoltos na temática expressa no título, extraídos das reflexões dos autores, postos sob o crivo do direito nacional dos autores, valendo aqui lembrar que o Professor Fillipe é brasileiro e a Professora Liliana é lusitana; ele graduou-se em Direito em Natal-RN, onde também cursou o Mestrado na UFRN (e foi meu destacado aluno) e ela é graduada e mestra em Ciências Jurídico-Empresariais pela Universidade Portucalense Infante Dom Henrique. Ambos, pelo viés da pesquisa, estão unidos no doutoramento em Ciências Jurídico-Criminais, nos domínios acadêmicos da vetusta Faculdade de Direito da Universidade de Coimbra. Assim, a ótica do brasileiro oferecida ao contraponto da pesquisadora portuguesa celebra um amálgama da melhor qualidade, produzido a partir de componentes essenciais a essa rama do Direito Penal que se ocupa da criminalidade organizada e, notadamente, de uma das suas mais repetidas manifestações, a lavagem de valores e capitais.

A opção pela comparação entre dois microssistemas sediados em países que sustentam ligações históricas e culturais, de inegável utilidade para ambos, passa ao largo da discussão acadêmica negativista encetada por Harold Cooke Gutteridge ou da intransigente defesa da cientificidade desse paralelismo formulada por Felipe de Solá Cañizares. Não cuidaram os autores da presente obra desse viés. Ingressaram sim, com afinco, na análise dos institutos e do material legislativo eleitos para objeto do livro.

No exórdio, os autores cuidam das dificuldades na eleição do bem jurídico tutelado no âmbito do microssistema penal que trata do branqueamento de capitais, bem assim do estágio de perplexidade dos dois modelos penais – o brasileiro e o ultramarino – quanto a esse objeto da tutela, concluindo pela fragilidade dos elementos teóricos que dão suporte à política criminal da área. Criticam, com razão, as três principais correntes que orientam o assunto: a proteção da ordem econômica; ou da administração da justiça; ou a híbrida, que ajunta as duas primeiras.

Adiante, versando sobre o fenômeno da criminalidade organizada no Brasil e em Portugal, expõem uma seleta de questões de fundo e de forma que conduzem a essa lamentável cifra da vida em sociedade cotidiana. Reportam a evolução legislativa específica do tema, a partir de diplomas genéricos (Código Penal e Código de Processo Penal) até as manifestações legislativas mais específicas – e nem por isso mesmo perfeitas – como as leis de combate ao crime organizado e o decreto que internaliza a Convenção de Palermo no nível infraconstitucional do Brasil. No âmbito português, analisam a mesma inclinação da política criminal no afã de debelar o crime organizado, a partir da Constituição daquele país, que reservou para o seu texto a tarefa de dar sede elevada à chamada "criminalidade altamente organizada", ao tempo em que relativiza a inviolabilidade de domicílio, mediante autorização judicial para os casos em que presentes indícios dessa prática, incluindo o terrorismo, o tráfico de pessoas, de armas e de estupefacientes. Em outra passagem – destacam os autores – a Carta Política prevê exceção ao funcionamento do tribunal do júri para os casos dessa criminalidade estruturada, emparelhando-a ao terrorismo. No campo infraconstitucional, o tema obteve a ocupação do Código Penal (o vigente e o revogado) e do Código de Processo Penal, bem como das Leis 36/94, 101/2001 e 5/2002.

Nesse mesmo capítulo imediatamente acima referenciado, os autores depõem críticas aos arreganhos do Estado – o daqui e o de lá – na busca da prova para a incriminação de quem é acusado por crime organizado. Diz-se, notadamente, das formas dissimuladas para a obtenção dos elementos probantes, tão ao sabor do modelo inquisitorial hipertrofiado, tachando-os de "meios enganosos de obtenção de prova" ou, na linha de Manuel da Costa Andrade, "métodos ocultos de investigação". Obviamente que isso não se compatibiliza com as mais comezinhas noções de um Direito Penal de índole liberal; pelo inverso, caminha na rota do Direito Penal do Inimigo, objeto de preocupação de Günther Jakobs e Manuel Cancio Meliá, "cujos métodos de repressão são mais gravosos às liberdades individuais", dizem os escribas.

Em tópico da maior relevância, estudam qual é o papel do Estado regulador (definindo-o à satisfação), na intervenção para conter e debelar a lavagem de ativos e valores, indicando, já no princípio da focagem, a descrença na maximização dessa interferência veiculada por um Direito Penal ampliado e ampliativo, assegurando que não é "através de normas penais cada vez mais restritivas, com molduras penais mais elevadas e consequentemente maior privação de liberdade, que se vai obter alguma eficácia na prevenção geral do problema". Ao seguir, trazem de forma didática – e profunda – o esboço de uma definição (que entendo ser mais uma conceituação...) do fenômeno criminal do disfarce de capitais de origem criminosa, a partir do histórico da expressão, originariamente vinculada ao ramo empresarial escolhido (*laundering*), nos anos trintas do século vinte, para dar liceidade a valores apurados em outras atividades criminosas. Nesse ponto os autores voltam à carga a propósito das agruras para a qualificação do bem jurídico no delito de lavagem de valores, delineando o ingresso no tema maior do capítulo, que é a busca pela compreensão, *quantum satis*, da função do Estado regulador em um quadro em que inegavelmente é ampla a criminalidade econômica através do branqueamento de capitais, destacando que o agir estatal pode ocorrer de forma direta ou indireta, sendo aquela operada através de entes oficiais que controlam os respectivos meios e a última através da produção de normas que afetam o âmbito de atuação dos agentes econômicos, no particular esteados nas ideias de Denise Hammerschmidt e de João Nuno Calvão da Silva.

No foco legal, aplicam detalhada análise sobre a Lei 25, de 5 de junho de 2008, portuguesa, que segue a direção indicada pelo Conselho e pelo Parlamento Europeu. Essa abordagem perpassa o espectro de aplicação do mencionado diploma e as obrigações demarcadas às entidades encarregadas do acompanhamento das movimentações financeiras (dever de abstenção, dever de colaboração, dever de segredo, dever de controle e dever de formação), concluindo pela delimitação do papel do Estado-controlador (é dizer, o exercente das prerrogativas e deveres de um Direito Administrativo Sancionador, "quase penal"), estremando a missão desse para poder dar espaço ao Direito Penal clássico, ainda que especializado.

Posto assim, em linhas gerais, o conteúdo do livro que ora se apresenta não somente orna o acervo bibliográfico temático acerca de lavagem de dinheiro e criminalidade organizada, como estimula o necessário colóquio entre sistemas penais diversos, inclusive intercontinentais, advindo elogiável contributo para o confronto de ideias que contribuem para o enfrentamento dessas duas preocupantes ocorrências ilícitas, cada vez mais presentes nas relações interpessoais e empresariais atuais.

À leitura, pois!

Recife/Natal, maio de 2016

IVAN LIRA DE CARVALHO
Professor da UFRN e Juiz Federal
Doutor e Mestre em Direito pela UFPE

APRESENTAÇÃO

A criminalidade econômica trata-se de tema de atualidade e importância inquestionáveis. Deve-se reconhecer que os principais debates de cunho dogmático penal centram-se, hoje, no âmbito do direito penal econômico. Creio mesmo que, contemporaneamente, estudar direito penal é estudar direito penal econômico. Note-se a contribuição que os estudos penais econômicos têm dado ao desenvolvimento de institutos como o concurso de pessoas e a imputação objetiva.

Diante da aludida relevância, desde o ano de 2006, tenho concentrado minha pesquisa junto ao Programa de Pós-Graduação em Direito e ao Departamento de Direito e Processo Penal da Faculdade de Direito da Universidade Federal de Minas Gerais na área da criminalidade econômica, mais precisamente, sobre os limites impostos à intervenção penal na atividade econômica pelos princípios do Estado Democrático de Direito.

O magistério superior, a par dos desafios que coloca a todos nós que o abraçamos, trata-se, sem dúvida, da mais gratificante das atividades profissionais. Fascina-me perceber o paulatino e constante surgimento e consolidação de novas vocações. Não raro, temos a oportunidade de fazer, entre alunos e colegas, queridos amigos.

O Professor Fillipe de Azevedo Rodrigues, jovem e talentoso autor desta obra, trata-se de exemplo evidente de vocação para as carreiras jurídicas e acadêmica. Foi meu aluno na disciplina de Direito Penal, no curso de graduação em Direito da UFMG, ocasião em que tive oportunidade de acompanhar o despertar de sua trajetória profissional fadada ao sucesso.

Em paralelo a essa trajetória, o caminho doutra pesquisadora lusitana, Liliana Bastos Pereira Santo de Azevedo Rodrigues, começou a ser trilhado na sua licenciatura em Direito pela Universidade Portucalense, passando pelo mestrado em Ciências-Jurídico Empresarias na mesma Instituição Portense, até o encontro com a pesquisa do jovem professor brasileiro, no âmbito do Doutoramento em Ciências Jurídico-Criminais da vetusta Faculdade de Direito da Universidade de Coimbra.

Desse feliz encontro, surgiu a união da visão penal-empresarial com a perspectiva penal-econômica, materializada nesta obra em coautoria, que promove a interseção exitosa de interessantes temas e abordagens jurídico-criminológicas.

xiii

Assim, com grande alegria recebi o convite para prefaciar a mais recente obra de Fillipe em parceria com a Professora Liliana, cuja formação e nacionalidade portuguesas permitem ao leitor saber do alcance maior de seus objetivos. Além da discussão local, promovem um estudo comparado das respostas dadas no Brasil e na União Europeia ao fenômeno da macrocriminalidade. Dessa feita, oferecem os autores à comunidade jurídica luso-brasileira substancioso trabalho, que reúne três estudos sobre lavagem de dinheiro.

Particularmente, já conhecia a dissertação sobre Análise Econômica do Direito, com a qual Fillipe obteve o título de mestre em Direito na prestigiada Universidade Federal do Rio Grande do Norte. Mais uma vez, pude constatar a seriedade e profundidade com que se dedica a enfrentar sua complexa temática, sendo que, agora, nesta obra, atinge um patamar diferenciado ao associar-se aos estudos de elevada qualidade da Professora Liliana, a respeito do branqueamento de capitais em Portugal.

O trabalho que segue, elaborado já na temporada doutoral portuguesa de ambos pesquisadores, está dividido em três capítulos. O primeiro tem por objeto um estudo crítico das relações entre crime organizado e a tutela penal do branqueamento de capitais, a partir do direito penal do bem jurídico. No segundo capítulo, trata de questões penais e processuais penais relativas ao crime organizado no Brasil e em Portugal. No terceiro e último capítulo, aborda-se o papel do Estado regulador no branqueamento de capitais.

O Professor Fillipe Azevedo Rodrigues dedica particular atenção ao bem jurídico do crime de lavagem de dinheiro (branqueamento de capitais) e à questão da criminalidade organizada, ao passo que a Professora Liliana B. P. Santo de Azevedo Rodrigues promove a abordagem interdisciplinar entre a intervenção penal e a posição do Estado Regulador quanto à responsabilização das entidades financeiras.

No tocante ao bem jurídico, apontam o tratamento dispensado na legislação penal portuguesa, ao inserir o crime de branqueamento de capitais entre os crimes contra a administração da justiça. Assim como, a divergência de entendimento existente entre doutrinadores quer portugueses quer brasileiros. Para mim, o que se busca é assegurar os efeitos econômicos positivos derivados da liberdade de concorrência.

Quanto à criminalidade organizada, pode-se adiantar que os autores fazem um apanhado histórico do desenvolvimento legislativo da matéria tanto no Brasil como em Portugal, além de investigar outras importantes nações.

A essas e outras importantes reflexões, convidam-nos os caros Professor Fillipe Azevedo Rodrigues e Professora Liliana B. P. Santo de Azevedo

Rodrigues. Diante dos desafios impostos pelo futuro do Direito Penal, não se pode deixar de aceitar tão instigante convite.

Belo Horizonte, 15 de maio de 2016.

Prof. Dr. LUÍS AUGUSTO SANZO BRODT
Professor Associado do Departamento de Direito e Processo Penal e do Programa de Pós-Graduação em Direito da Faculdade de Direito da UFMG. Mestre e Doutor em Direito. Estágio Pós Doutoral na Goethe Universität em Frankfurt Am Main.

I

CRIME ORGANIZADO E A TUTELA PENAL DO BRANQUEAMENTO DE CAPITAIS: UM ESTUDO CRÍTICO A PARTIR DO DIREITO PENAL DO BEM JURÍDICO

1.1 INTRODUÇÃO

O crime organizado não é novidade no mundo contemporâneo, entretanto o seu processo de formação remonta há tempos, sempre na exploração de mercados ilícitos nacionais e internacionais.

Sem embargo, as operações de tais empreendimentos criminosos nunca se restringiram apenas a áreas ilícitas, mas operavam também em campos legítimos de exploração econômica, de modo que a ponte entre as atividades lícitas e ilícitas dependia necessariamente do emprego de ameaças, violência e corrupção das instituições, verdadeiros segredos para o sucesso do negócio.

Os métodos violentos aplicados por tais organizações e a corrupção eram mais comuns outrora, porquanto a rentabilidade da atividade não poderia ser garantida por meio de contratos exequíveis legalmente. A corrupção, particularmente, representava – e ainda hoje representa – um elevado custo para as organizações criminosas.

A fruição das rendas do crime, desde sempre, consistiu no rastro mais evidente devido ao qual os agentes estatais corrompidos identificavam as atividades ilícitas perpetradas por essas organizações e, assim, cobravam sua parcela para permitir a continuidade da operação.

Importantes mecanismos para reduzir o elevado custo da corrupção passaram a ser utilizados com maior frequência, quais sejam, o complexo sistema financeiro e, até mesmo, os mercados mais rudimentares como a criação de empresas de fachada para explorar o comércio simples. O método do branqueamento de capitais surge como alternativa para fruição dos rendimentos do crime, imune à corrupção sub-reptícia dos agentes de polícia especializados no combate às drogas, por exemplo.

Em síntese, operou-se uma verdadeira revolução no crime organizado, cujo principal traço foi justamente o aperfeiçoamento dos métodos de fruição dos rendimentos em larga escala, mediante o branqueamento.

A delinquência organizada consolidou o seu processo de internacionalização, ao passo que a economia global se integrou e o sistema financeiro passou a ser o mecanismo de transação de valores com a velocidade necessária para ocultar a origem de rendas ilícitas.

Em resposta, presenciou-se a expansão da política criminal do mundo ocidental no combate às organizações criminosas, mais precisamente no que se refere à lavagem de capitais. A criminalização de tal conduta decorreu de tratados internacionais, a exemplo da Convenção de Viena contra o Tráfico Ilícito de Entorpecentes e Substâncias Psicotrópicas, de 20 de dezembro de 1988.

Todavia, a mencionada expansão das medidas penais anti-branqueamento não se deu com a racionalização jurídico-constitucional necessária, sobretudo na sucessão de alterações legislativas que desnaturaram a essência do delito, relacionada com a criminalidade organizada, tal como ocorreu nas leis penais portuguesa e brasileira, que ampliaram indiscriminadamente o rol de crimes precedentes.

Definida a problemática em análise, o presente trabalho será desenvolvido utilizando-se do método dedutivo-analítico, por meio de pesquisa bibliográfica na legislação, bem como em obras acadêmicas consagradas e de vanguarda. No tocante aos objetivos, propõe-se analisar a incriminação do branqueamento de capitais, com ênfase para os ordenamentos jurídicos português e brasileiro, sem descurar das demais experiências estrangeiras; discutir a definição do bem jurídico protegido com a incriminação da lavagem de dinheiro, questionando-se sua tipificação autônoma e seu estudo atrelado ao Direito Penal Econômico; e, por fim, suscitar a intrínseca correlação existente entre o crime organizado e o branqueamento de capitais, a partir da ideia de comparticipação necessária (plurissubjetividade), com vistas à promoção de uma revisão legislativa mais atenta aos fundamentos de um Estado Democrático de Direito.

Para tanto, a pesquisa parte da contextualização do tema, no âmbito do cenário contemporâneo, com destaque para a referência a conceitos de sociedade de risco e sociedade complexa, relevantes nas ciências sociais correlatas. A seguir, alguns dados importantes sobre a lavagem de dinheiros e o crime organizado em vários países são levantados a fim de situar o debate além da realidade luso-brasileira, conforme o tema exige.

CRIME ORGANIZADO E A TUTELA PENAL DO BRANQUEAMENTO DE CAPITAIS: UM ESTUDO CRÍTICO... | **3**

Em um momento posterior, o trabalho passa a abordar a indefinição do bem jurídico protegido pelo delito de branqueamento de capitais e sua incompatibilidade com o Direito Penal Econômico, definindo o arcabouço teórico utilizado na defesa de um Direito Penal do bem jurídico e, em seguida, enfrentando a questão em seus pormenores.

Por fim, sob o enfoque doutrinário e jurisprudencial pertinente, serão propostas algumas linhas de revisão legislativa ao reconhecer-se a dependência do branqueamento de capitais aos tipos de associação criminosa tanto nos casos brasileiro como português, devido à comparticipação (ou plurissubjetividade) necessária da conduta.

1.2 SOCIEDADE CONTEMPORÂNEA E BRANQUEAMENTO DE CAPITAIS

O *branqueamento de capitais* é um fenômeno típico da sociedade de risco[1] contemporânea,[2] relacionado com o avanço do processo de globalização econômico-cultural,[3] bem como com o crescimento paralelo do crime organizado, sobretudo ao longo do século XX.[4]

---

[1] Emerge o conceito de *sociedade de risco*, cunhado por Ulrich Beck, que pode ser traduzido "como uma época em que os aspectos negativos do progresso determinam cada vez mais a natureza das controvérsias que animam a sociedade". (BECK, 2010, p. 229).

[2] Acerca da complexidade social, Luhmann descreve a consolidação de um sistema social global a partir de um conjunto de subsistemas, *per se*, deveras segmentados e complexos. Observe-se: *"Bajo condiciones modernas, el sistema global es una sociedad, en donde todos lós límites internos pueden ser disputados y las solidaridades cambiadas. Todos lós límites interiores dependen de la autoorganización de los subsistemas y ya no más en un "origen" en la historia o en la naturaleza o en la lógica del suprasistema"*. (LUHMANN, 1997, p. 10).

[3] "O processo de globalização é irreversível, com base em uma série de argumentos, entre os quais, destacam-se: (i) conexão global dos mercados financeiros e crescimento das empresas transnacionais; (ii) constante e célere evolução dos meios tecnológicos, com destaque para os que aceleram a propagação da informação; (iii) discurso globalizado e impositivo dos direitos humanos; (iv) questões como pobreza discutidas como de responsabilidade de todas as nações; e (v) vertiginoso aumento quantitativo e de influência de entidades não governamentais no âmbito internacional. Outro fato social amplificado pela globalização e que lhe serve de evidência, sem dúvida, é a criminalidade transnacional, sobretudo aquela enveredada por organizações criminosas". (RODRIGUES e SILVA, 2013, p. 344).

[4] Essa insegurança sistêmica é própria da sociedade contemporânea globalizada e, por consequência, fomenta conflitos sociais, econômicos, políticos e jurídicos de uma nova ordem, cujos agentes legitimados para encará-los nem sempre estão preparados a fornecer a solução mais racional. Evidencia-se, destarte, o que Zuleta Puceiro (*in* FARIA, 2010, p. 108) descreve como "um trânsito acelerado em direção a um novo quadro de relações entre Estado, sociedade e o mercado em que as mudanças culturais e as demandas sociais adiantaram-se às estratégias dos dirigentes". Samuel Huntington (1996, p. 157), por sua vez, destaca a pluralidade de protagonistas na ordem mundial vigente, cada vez mais complexa e heterogênea, como nunca dantes

Também conhecido como *lavagem de dinheiro*, notadamente no Direito Penal brasileiro, tem como objeto dissimular o produto do crime a fim de que dele se possa auferir todos os frutos licitamente. Assim, o branqueamento permite que o crime compense, e muito (LILLEY, 2001, p. 8).

Trata-se de um verdadeiro processo de viabilização econômica da atividade criminosa (normalmente, por meio das fases de *colocação, transformação* e *integração*),[5] imiscuído, em regra, no complexo sistema financeiro global, cuja velocidade de movimentação do capital é de difícil rastreio, ainda mais ao circular por mais diversos sistemas nacionais de controle do respectivo mercado. Aqui, cabe destaque especial aos conhecidos *paraísos fiscais* (ou sistemas *offshores*),[6] onde se verifica, como principal característica, a ausência de mecanismos de fiscalização (GONÇALVES, 2007, p. 7-12). Por assim dizer, "das atividades delitivas que não reconhecem os limites de fronteira e que confirmam a internacionalização do direito penal, encontra-se o delito de lavagem de dinheiro" (RIOS *in* VILARDI *et alli*, 2009, p. 242).

Dentro dos sistemas financeiros, o branqueamento de capitais é facilitado pelas fraudes preexistentes, ao passo que retroalimenta o aparato corrompido, ao financiar a perpetuação de tais fraudes. Daí, originam-se as organizações especializadas na reciclagem de capital, autônomas – *a priori* – à criminalidade não pertencente ao Direito Penal Econômico. Não é absurdo presumir que o mercado financeiro, cada vez mais complexo e dinâmico, convive com a fraude financeira, cujos produtos desde sempre foram ocultados, utilizando-se, muitas vezes, do próprio sistema intrincado de movimentação de valores.

É dizer: o *dna* do branqueamento está no próprio funcionamento do mercado, cuja liberdade[7] é valor essencial e permite a corrupção de suas

---

[5] Nuno Brandão (2002, p. 15) define detalhadamente o funcionamento de cada fase, conforme se percebe a seguir: "Num primeiro momento, designado por colocação (*placement stage*), procura-se colocar os capitais ilícitos no sistema financeiro ou noutras actividades; para, numa segunda fase, chamada de transformação (*layering stage*), realizar as operações necessárias a ocultar essa proveniência criminosa; e num terceiro momento, o da integração (*integration stage*), introduzir os capitais no circuito económico legal".

[6] Ainda de acordo com Nuno Brandão (2002, p. 17): "a passividade perante as zonas *off-shore*, que são porto de abrigo do grosso dos grandes capitais de proveniência criminosa e se revelam não apenas completamente indiferentes a esse facto, como até o incentivam, pela recusa em adoptar as medidas internacionalmente recomendadas para prevenir o branqueamento de capitais e pela não cooperação com as autoridades judiciárias estrangeiras".

[7] A respeito do tema, cumpre transcrever a posição de Jorge de Figueiredo Dias (2012, p. 526-527): "Se porém, com esta tese de cariz neoliberal se pretende significar que o Direito deve perder completamente a palavra domínio das infrações econômicas, então uma tal tese, antes que utópica, reside num equívoco e revela uma contradição patente: não pode pedir-se ao mercado – na verdade, o mais autêntico produtor das dificuldades da sociedade técnica industrial (ou pós-industrial) – remédios

CRIME ORGANIZADO E A TUTELA PENAL DO BRANQUEAMENTO DE CAPITAIS: UM ESTUDO CRÍTICO... **5**

transações de capitais e informações, estas geralmente muito valiosas quando restritas. A transparência do mercado, de imediato, não é uma qualidade vantajosa, afinal a *assimetria de informação* consiste em uma inevitável falha do próprio mercado (SILVA *et alli in* LIMA, 2012, p. 521).

Jorge de Figueiredo Dias (2012, p. 525-526) cuida de analisar tais vicissitudes dos mercados contemporâneos na seara de desenvolvimento do Direito Penal Econômico, pois, segundo expõe:

> A expansão deste campo das normas sancionatórias, motivada pelo gigantismo industrial e financeiro que se acentuou exponencialmente nas últimas décadas do século passado, tornou-se por outra parte inevitável face à tomada de consciência dos *novos risco globais*, determinados pelos avassaladores progressos técnico-intrumentais e suscetíveis de pôr em causa a própria sobrevivência da humanidade, e que por isso o Estado não pode ignorar, antes lhe cumpre acautelar. Esta cautela perante os grandes e novos riscos conduz ao condicionamento da atividade dos agentes econômicos, designadamente das empresas, acentuando um conflito difícil de gerir entre a iniciativa e a autonomia econômicas dos privados, por um lado, e a proteção e prevenção do correto funcionamento do sistema econômico.

Não obstante, foi com a transnacionalização do tráfico de drogas e das organizações envolvidas na sua produção, distribuição e comercialização que o tema branqueamento de capitais tomou corpo. Nesse sentido, cumpre citar o exposto por Celso Sanchez Vilardi (*in* VILARDI *et alli*, 2008, p. 30):

> A discussão em torno do tema se dá em virtude de a Convenção contra o Tráfico Ilícito de Entorpecentes e Substâncias Psicotrópicas, de 20 de dezembro de 1988 (Convenção de Viena), ser a verdadeira razão da criação da Lei da Lavagem no Brasil e demais países do mundo, que se obrigaram a criminalizar a lavagem de capitais ao subscreverem seu texto.

Peter Lilley (2001, p. 11) ressalva que, embora haja clara associação entre a reciclagem de capital e o tráfico de drogas, "para entender e avaliar o poder e a influência da lavagem de dinheiro, é necessário recordar a finalidade dos crimes", pois, conforme bem assevera, "a imensa maioria dos atos ilegais é perpetrada para conseguir uma só coisa: dinheiro. Se for gerado pelo crime, o dinheiro será inútil, a menos que a fonte sórdida dos recursos possa ser disfarçada ou preferivelmente 'apagada'".

---

para as doenças que ele próprio inoculou, advogando a prescindibilidade no domínio econômico já não apenas do direito penal, mas pura e simplesmente de todo o Direito; sob pena de, na feliz imagem de Günter Heine, se converter o lobo em pastor".

Hoje em dia, o branqueamento de capitais relaciona-se mais precisamente com o crime organizado em geral,[8] seja qual for a atividade criminosa empreendida, tráfico de drogas, de pessoas ou de armas, terrorismo etc, conforme será abordado mais a seguir.

Quanto à geografia da convergência entre a delinquência organizada e o branqueamento, cumpre apontar alguns países, entre os vários afetados, e o correspondente cenário criminal:

(i) África do Sul: a reciclagem de bens e capital de origem ilícita não se expandiu no âmbito de transações internacionais, sendo, assim, um problema ainda de maior relevo interno. Contudo, o tráfico de drogas e os delitos violentos decorrentes são bastante presentes;

(ii) Armênia: não se apresenta como mercado propício ao branqueamento, porém se destaca pela maciça criminalidade organizada e corrupção estatal;

(iii) Bolívia: grande produtor de drogas, com ênfase para o fato de ser um dos maiores fornecedores de folhas de coca do mundo (negócio que representa parcela considerável da Economia do país), mas não figura como destino de lavagem de dinheiro pela fragilidade do seu sistema financeiro;

(iv) Cingapura: em que pese à sólida resistência ao narcotráfico, há um robusto sistema financeiro, bastante atrativo para o branqueamento;

(v) Ilhas Cayman: isenção de tributos, celeridade na constituição de empresas (três a cinco dias), desnecessidade de identificação completa do corpo societário e dos beneficiários dos negócios (exige-se o registro de apenas um diretor), ausente o controle cambial e nenhuma obrigatoriedade imposta às entidades financeiras de denunciar transações suspeitas, isto é, cenário perfeito e evidente para o branqueamento de capitais;

(vi) Israel: apesar da criação de uma nova lei de regulação dos serviços bancários, até 2002 inexistia qualquer legislação de combate ao branqueamento, de modo que o país despertava bastante preocupação como destino de recursos ilícitos para reciclagem (BBC, 2002);

---

[8] Por oportuno, interessa mencionar uma análise econômica do crime organizado correlacionado com o branqueamento de capitais: *"Not is it surprising that criminal organizations should try to enter legitimate businesses; such businesses provide attractive investment opportunities for people with money to invest and with entrepreneurial skills. Should such entry be encouraged or discouraged? On the one hand, a method of reducing the incidence of organized crime is to increase the expected return of alternative, legitimate activities. On the other hand, to the extent that profits earned in organized crime can be safely invested in legitimate activities to yeld additional profits, the expected return to organized crime is higher than it would otherwise be"*. (POSNER, 2011, p. 305).

CRIME ORGANIZADO E A TUTELA PENAL DO BRANQUEAMENTO DE CAPITAIS: UM ESTUDO CRÍTICO... 7

(vii) Liechtenstein: relevante e sofisticado centro financeiro *offshore*, que, embora considere crime a lavagem de capitais, trata-se de um problema permanente fomentado pela solidez e garantia de sigilo das operações bancárias;

(viii) Suíça: país com elevado índice de desenvolvimento humano, bem como detentor de um dos mais tradicionais sistemas bancários no âmbito internacional, difundido em filiais por todo mundo, inclusive nas Américas e na Ásia, que, apesar de haver implantado fortes mecanismos de combate ao branqueamento de capitais, ainda permanece como rota dos recursos da criminalidade organizada transnacional;

(ix) Panamá: com a economia baseada no dólar estadunidense e voltada para os investimentos de capital de origem ignorada, tornou-se um dos principais destinos do dinheiro oriundo do narcotráfico da América do Sul para fins de lavagem;

(x) Colômbia: principal centro de produção e distribuição de cocaína no mundo, administrado sobretudo pelas Forças Armadas Revolucionárias da Colômbia, organização terrorista associada às entidades políticas da esquerda Sulamericana;

(xii) Brasil: uma das 7 maiores economias do mundo, o país enfrenta sérios problemas tanto com o crime organizado, articulado ao narcotráfico colombiano, quanto com a lavagem de dinheiro (*nomen iuris* utilizado pela legislação local) em virtude de seu vasto sistema financeiro; e

(xiii) Estados Unidos: centro da economia global, não menos centro do mercado de branqueamento de capitais e de todas as espécies de crime organizado transnacional, em que pese seu severo sistema penal de combate à macrodeliquência.[9]

Resta evidente o cenário de divisão de trabalho entre os mais diversos países no complexo sistema de realização do crime organizado transnacional:

(i) primeiro grupo: os países menos desenvolvidos, nos aspectos social e econômico, servem de produtores das *commodities* do mercado ilícito (drogas, órgãos, armas, pessoas), onde se encaixam África do Sul, Armênia, Bolívia e Colômbia, entre muitos outros;

---

[9] Informações extraídas da obra de Peter Lilley (2001, p. 195-228) e, atualizadas, conforme dados obtidos no Relatório de Pesquisa do Escritório das Nações Unidas sobre Drogas e Crime (2011), intitulado *Estimating Illicit Financial Flows result from Drug Trafficking and other Transnational Organized Crime.*

(ii) segundo grupo: os grandes centros consumidores, também afetados pelo crime organizado no estágio de distribuição e comercialização, a exemplo de Estados Unidos, União Europeia e Brasil; e

(iii) terceiro grupo: as economias centradas no mercado *offshore* – *paraísos fiscais, dito de outra forma* –, campo fértil para o branqueamento mediante seu seguro e sigiloso sistema financeiro para investidores quer de recursos lícitos quer de recursos ilícitos, caso de Cingapura, Ilhas Cayman, Israel, Liechtenstein, Suiça e Panamá.

Portugal, como se vê, situa-se mais precisamente no segundo grupo (ii), o que não sugere a ausência da prática do branqueamento de capital no âmbito do mercado nacional, aliás é perceptível a preocupação interna e comunitária de expandir a legislação penal e contra-ordenacional, além da cooperação jurídica internacional, tudo com fins a combater a reciclagem de valores e de bens oriundos de atividades delituosas. Contexto esse verificável notadamente na Diretiva 91/308/CEE, transposta para o Ordenamento Jurídico Português, a qual, conforme leciona Nuno Brandão (2002, p. 25-27):

> A Directiva 91/308/CEE teve por objecto a criação de um quadro de medidas de prevenção de operações de branqueamento de capitais que passou fundamentalmente pela vinculação das entidades do sistema financeiro a um determinado conjunto de deveres. O sistema instituído pela Directiva foi essencialmente transposto para o ordenamento jurídico português pelo Dec.-Lei n.º 313/93, de 15 de Setembro, que, quanto à definição das obrigações que passariam a impender sobre os seus destinatários, não trouxe novidades significativas em relação ao regime já definido na Directiva. A par desses deveres, o decreto-lei instituiu um regime sancionatório de natureza contra-ordenacional para o seu incumprimento, em que além de pesadas coimas, que podem chegar aos dois milhões e meio de euros, se prevêem severas sanções acessórias, como, por exemplo, a inibição, por um período até 10 anos, do exercício de certos cargos ou funções dentro das entidades financeiras. O legislador nacional optou, assim, e bem, por não criminalizar a violação desses deveres ao contrário do que sucedeu, por exemplo, no Reino Unido, na Irlanda e na Dinamarca.

Não subsistem dúvidas, portanto, a respeito da utilização da complexa economia global, mediante a operação de branqueamento, como instrumento de viabilização do crime organizado. Todavia, a criminalização autônoma da lavagem de dinheiro e sua perene expansão no sentido de restrição de liberdades não se mostra, por vezes, legítima e proporcional frente ao Direito Penal do bem jurídico. Assunto a ser abordado, em particular, adiante.

1.3 A INDEFINIÇÃO DO BEM JURÍDICO PROTEGIDO PELO DELITO DE BRANQUEAMENTO DE CAPITAIS E SUA INCOMPATIBILIDADE COM O DIREITO PENAL ECONÔMICO

1.3.1 Direito Penal do Bem Jurídico

Antes de adentrar no debate pertinente ao *direito penal do bem jurídico* (ANTUNES, 2012, p. 101) particularmente quanto ao branqueamento de capitais, cumpre fazer menção à missão do Direito Penal, adotada como paradigma norteador desta pesquisa, muito bem delimitada nas palavras de Claus Roxin (2011, p. 4-5):

> diz-se a este propósito que a missão do direito penal consiste em assegurar aos cidadãos uma convivência livre e pacífica, garantindo todos os direitos jurídico-constitucionalmente estabelecidos. Se esta missão é denominada, de modo sintético, pela ideia de proteção de bens jurídicos, então estes bens corresponderão a todas as condições e finalidades necessárias ao livre desenvolvimento do indivíduo, à realização dos seus direitos fundamentais e ao funcionamento de um sistema estatal construído em torno dessa finalidade.

Conforme visto, para Roxin, o conceito de bem jurídico confunde-se com a finalidade ontológica do Direito Penal de matiz liberal,[10] porquanto almeja preservar a autonomia dos indivíduos no exercício de suas liberdades em meio à convivência social. Outra finalidade estranha a essa premissa não figura como uma legítima intervenção penal perante um Estado Democrático de Direito. A teoria do bem jurídico, nas palavras do autor, denota a "ilegitimidade da incriminação quando referida a comportamentos que não ponham em causa nem o livre desenvolvimento do indivíduo, nem as condições sociais necessárias a esse desenvolvimento" (ROXIN, 2011, p. 5). Indiferente, portanto, se o bem jurídico é de cariz individual ou coletivo, pois há de ser protegido, no horizonte, um bem jurídico individual em função da agressão a bem jurídico coletivo. Conforma-se, assim, uma verdadeira unidade em torno do indivíduo no *direito penal do bem jurídico*.[11]

---

[10] "Nos albores e durante grande parte do curso dessa história, a concepção de bem jurídico é marcada pela ideia liberal, presente em muitos penalistas até os dias atuais, de proteção de interesses eminentemente individualistas (tutela dos direitos subjetivos). É que, sob o paradigma do Estado Liberal, os conflitos são vislumbrados apenas no plano interindividual e as relações entre Estado – o Leviatã – e indivíduos são ditadas em razão de limites negativos (os direitos subjetivos, ou de primeira geração ou dimensão) daquele em relação a estes". (LIMA, 2012, 68).

[11] Nesse sentido: "a diferença reside apenas em que a lesão de um bem jurídico individual afeta imediatamente a possibilidade de desenvolvimento de um determinado ser humano, enquanto a lesão

Raúl Cervini (*in* VILARDI *et alli*, 2009, p. 37) adota o seguinte posicionamento sobre a unidade do conceito de bem jurídico, independente se individual (microssocial) ou coletivo (macrossocial) à primeira vista:

> El Derecho Penal es el Derecho coercitivo de ese sistema social y protege relaciones sociales concretas dentro de ese sistema social, que no es otro que el del Estado Social y Democrático de Derecho. Estrictamente corresponde hablar de bienes jurídicos microsociales y de bienes jurídicos macrosociales. Estos últimos bienes jurídicos están al servicio de los bienes jurídicos microsociales. Se trata de proteger las condiciones mínimas para que las relaciones microsociales (vida, libertad, salud individual, patrimonio) puedan desarrollarse. Así, el medio ambiente está al servicio de la vida y la salud individual. Si el Estado no interviene castigando al que contamina el aire y el agua o destruye y explota abusivamente los recursos naturales, las relaciones microsociales que están representadas por los bienes jurídicos vida y salud individual no podrán realizarse o podrán verse seriamente perturbadas en su realización. Esta concepción permite cerrar algunos aspectos críticos antes señalados.

Consoante a obra de Jorge de Figueiredo Dias (2012, p. 118), a legitimidade de intervenção penal para proteção de bens jurídicos supraindividuais reside na condição de que a presevação do sistema social é uma proteção dialógica entre *meio* e *indivíduo*, de modo que a "protecção do sistema participa da própria protecção da dignidade da pessoa", entretanto a proteção do sistema – ou do meio – *per se* não detém qualquer sentido por importar limitação de liberdade individual sem a correspondente proteção de um bem jurídico digno de intervenção penal.[12]

---

de um bem jurídico da coletividade afeta de modo mediato as possibilidades de desenvolvimento de todas as pessoas. Frister conclui ainda que 'um comportamento que não ponha em causa de algum modo as possibilidades de desenvolvimento de outros não deve ser valorado como ilícito penal'". (ROXIN, 2011, p. 5).

[12] O erigir da preocupação com o *meio* de convívio para realização plena das liberdades individuais não é de sempre, entretanto. Alberto Jorge Correia de Barros Lima (2012, p. 68-69) expõe como o advento da sociedade contemporânea complexa fez surgir a perspectiva do bem jurídico supraindividual, senão veja-se: "Atualmente, no marco do Estado Democrático de Direito assinalado por nossa Constituição, não só as liberdades clássicas integram o rol dos direitos fundamentais, senão os direitos econômicos, sociais e culturais, e, deste modo, não é mais possível negar a admissão de bens jurídicos difusos, sem titular determinado (crimes "sem vítima"), mesmo porque não há contradição entre as bases dogmáticas que esteiam o Direito Penal e a proteção de bens jurídicos de matiz transindividual. (...). Poder-se-ia objetar acerca da expansão do Direito Penal ante a criminalização de condutas ofensivas aos bens jurídicos difusos, o que seria uma contradição com a intervenção penal mínima. Uma objeção de tal natureza peca, de um lado, pela falta de percepção quanto ao aparecimento de importantes bens jurídicos nas sociedades pós-industriais em que vivemos e da necessidade, nestas sociedades, de novas valorações quanto aos interesses já existentes; de outro, em razão da possibilidade de discriminação entre os estratos sociais, porquanto as novas formas de

Maria João Antunes (2012, p. 101) adverte que a Constituição Portuguesa traz expressamente, em seu art. 18.°, n.° 2, o *"princípio jurídico-constitucional do 'direito penal do bem jurídico'*, enquanto parâmetro de controlo da constitucionalidade de normas incriminatórias a partir de critérios da dignidade penal do bem jurídico e da necessidade da intervenção penal"*. Nessa linha, cumpre transcrever o mencionado dispositivo constitucional, tal qual feito pela autora: "A lei só pode restringir os direitos, liberdades e garantias nos casos expressamente previstos na Constituição, devendo as restrições limitar-se ao necessário para salvaguardar outros direitos ou interesses constitucionalmente protegidos".

Apesar de a Constituição da República Federativa do Brasil (1988) não positivar a matéria de maneira expressa, Alberto Jorge Correia de Barros Lima (2012, p. 69) traduz bem sua normatividade penal, notadamente no que tange à definição da moldura de incriminações a partir do princípio constitucional da intervenção mínima, o qual decorre de Constituições como a brasileira, "que estabelece uma quantidade considerável de valores firmados no pacto constituinte, (...) obrigando o legislador (...) a criminalizar comportamentos somente quando sejam ofendidos bens jurídicos de relevância constitucional", sejam eles individuais, coletivos ou difusos.

Feitas essas considerações, cumpre destacar, a título de precisa síntese, a posição de Maria João Antunes (2012, p. 102), a qual servirá de importante premissa para esta pesquisa científica: "as medidas penais só são constitucionalmente admissíveis quando sejam *necessárias, adequadas* e *proporcionadas* à protecção de determinado direito ou interesse constitucionalmente protegido", além de restar evidente que tais medidas apenas serão legítimas e "constitucionalmente exigíveis quando se trate de proteger um direito ou bem constitucional de primeira importância e essa proteccção não possa ser suficiente e adequadamente garantida de outro modo".

1.3.2 Bem Jurídico e Branqueamento de Capitais

Inexiste qualquer consenso quanto à definição do bem jurídico protegido com a criminalização do branqueamento de capitais na literatura jurídica portuguesa, brasileira e estrangeira em geral, sobretudo ao considerá-lo tipo autônomo. Afinal, há quem defenda, fundamentadamente, a ausência de um

---

criminalidade (v.g., meio ambiente, finanças públicas, lavagem de dinheiro etc.) têm, sabidamente, como agentes ou sujeitos ativos, pessoas de camadas sociais mais elevadas".

bem jurídico determinado, mas sim uma – incerta – determinabilidade superveniente em dependência ao bem jurídico do crime precedente.[13]

Entretanto, conforme reconhece Nuno Brandão (2002, p. 19-20), não é possível abstrair-se de tal discussão, "dados os seus importantes contributos para a identificação dos valores postos em causa pela lavagem de dinheiro". Segundo ele, as primeiras medidas penais anti-branqueamento surgiram associadas aos esforços de vários países no combate ao narcotráfico,[14] "daí que se tenha começado por salientar a natureza complementar, subordinada do crime de branqueamento de capitais em relação ao tráfico de droga, que se reflictiria na definição do próprio bem jurídico que seria tutelado por este tipo legal de crime".

Consoante tal abordagem, o bem jurídico do branqueamento não é em si determinado, mas toma "emprestado" o bem jurídico do crime precedente, a exemplo da *saúde pública*, da – abstrata – *paz pública*[15] e da *administração da justiça* para o caso de ser precedido pelo tráfico drogas, perpetrado por organização criminosa com a intenção de esquivar-se da persecução penal e auferir os rendimentos dos negócios ilícitos (BRANDÃO, 2002, p. 20).

Não obstante, para o autor, há respaldo na criminalização autônoma do delito de lavagem de dinheiro ao reconhecer a sua *potencial ofensividade* às ordens econômica, política e social, com ênfase para primeira, pois seria idôneo a pôr em causa o desenvolvimento econômico local. Em suas palavras, Nuno Brandão (2002, p. 21) credita ao branqueamento a capacidade de "afectar seriamente o sistema financeiro, pois o conhecimento de que uma praça financeira é usada como plataforma para operações de branqueamento

---

[13] Andrei Zenkner Schmidt (*in* VILARDI *et alli*, 2011, p. 35) tece profundas críticas à indeterminabilidade de bem jurídico autônomo para a lavagem de dinheiro, pois, segundo ele, "muitos defendem que tal delito protege diversos bens jurídicos, o que significa afirmar que nada protege".

[14] Até porque os cartéis do tráfico de drogas e as demais organizações criminosas "costumam valer-se de mecanismos de lavagem de capital para financiar suas atividades ilícitas fins, razão pela qual as políticas de repressão a tais estruturas obtêm maior sucesso ao buscar identificar e combater essas manobras financeiras" (RODRIGUES e SILVA, 2013, p. 398).

[15] A respeito da elevada abstração do conceito de *paz pública* a fim de ser considerado como bem jurídico, cumpre transcrever a compilação de posições doutrinárias elaborada por Heloisa Estellita (*in* VILARDI *et alli*, 2009, p. 180): "Quanto ao bem jurídico, muito embora esteja entre aqueles crimes que tutelam a 'paz pública', observa Sheila Jorge Selim de Sales, após discutir a objetividade jurídica no sistema italiano (onde o crime está no capítulo dos crimes contra a 'ordem pública'), que a 'paz pública nada mais [sic] que uma conseqüência da ordem pública, e, ao tutelar a primeira, nossa lei penal tem em vista o sentimento coletivo de segurança, evitando-se que este seja abalado com a prática de crimes'. Assim, 'a tutela penal se especifica nos sentimentos de tranqüilidade e segurança dos indivíduos, bem como o regular convívio social, compreendido como a pacífica e harmoniosa coexistência de todos na comunidade'. Antônio Sérgio Altieri de Moraes Pitombo nega a natureza de bem jurídico da paz pública: 'bem jurídico não é e não serve para nortear o intérprete da lei penal, porque nem sequer ostenta índole constitucional'".

CRIME ORGANIZADO E A TUTELA PENAL DO BRANQUEAMENTO DE CAPITAIS: UM ESTUDO CRÍTICO... | 13

é susceptível de manchar a sua credibilidade e afastar progressivamente os investidores".

Alinham-se a essa posição – qual seja, autonomia do crime de branqueamento em função de sua tipificação visar à proteção do bem jurídico próprio *ordem econômica* – os seguintes autores, cada um à sua maneira e com as respectivas ressalvas:

(i) Juliana Vieira Saraiva de Medeiros (2006, p. 500): "trata de um delito que afeta principalmente a ordem socioeconômica de um país, reconhecendo uma pluralidade ofensiva, já que tal atividade criminosa atinge uma série de interesses, inclusive individuais";

(ii) José de Faria Costa (2010, p. 101): "a incriminação do branqueamento de capitais e só dessa falamos porquanto é a incriminação mais visível no domínio do chamado direito penal económico destes finais de milênio";[16] e

(iii) Andrei Zenkner Schmidt (*in* VILARDI *et alli*, 2011, p. 35): "uma vez adequadamente revisitada a lógica da economia mundializada, poderemos compreender que a 'lavagem de dinheiro' (somente) pode afetar a ordem econômica em sentido estrito".

A maior parcela da doutrina jurídica consultada, contudo, opta por identificar, ao lado da *ordem econômica*, também a *administração da justiça* como bem jurídico protegido com a criminalização do branqueamento de capitais.

O legislador penal português situou o branqueamento no art. 368.º-A do Código Penal, que integra o Capítulo III, *Dos Crimes contra a Realização da Justiça*, inserido, por sua vez, no Título V, *Dos Crimes contra o Estado*. Sem dúvida, a inserção nesse segmento do Código apóia a tese de a *administração da justiça* figurar como o principal bem jurídico tutelado ou, até mesmo, ser o único bem jurídico protegido pelo mencionado tipo penal, no âmbito do ordenamento jurídico português. Isso porque, caso a intenção fosse proteger exclusivamente as consequências danosas da lavagem de capitais na ordem socioeconômica, conforme os autores portugueses *retro* mencionados, a posição mais adequada para o tipo seria no Título IV, *Dos Crimes contra a Vida em Sociedade*, num capítulo à parte.

---

[16] Também nesse sentido: "as grandes organizações criminosas, ligadas aos mais diferentes sectores da actividade ilícita, designadamente o tráfico de drogas, são detentoras de uma tal disponibilidade de bens e de dinheiro que o reinvestimento de tais somas, provenientes de actividades criminosas e onde impera uma total liquidez, faz nascer desvios e condicionamentos no mercado financeiro, na medida em que pode levar ao controlo de um inteiro sector ou segmento da economia". (COSTA, 1992, p. 65-66).

No que diz respeito ao Direito brasileiro, trata-se de legislação extravagante, cujo conteúdo já sofreu bastantes alterações e peca por graves atecnias legislativas e forte influência do *direito penal simbólico*, assunto a ser melhor abordado adiante.

A parcela da doutrina que atribui à criminalização da lavagem de dinheiro tanto a proteção da ordem econômica quanto a administração da justiça percebe elevado grau de ofensividade a ambos os bens jurídicos. Seguem essa posição:

(i) Manuel Gonçalves (2012, p. 418): "também visa a protecção da administração da justiça , uma vez que se torna incapaz de perseguir os responsáveis pelos crimes subjacentes em face da actuação do branqueador, desincentivando-se a prática dos crimes primários"; e

(ii) Jorge Manuel Vaz Monteiro Dias Duarte (2002, p. 94): "levou o legislador a eleger como bem a proteger não só o normal funcionamento das Estruturas do próprio Estado, como também o normal funcionamento das estruturas comerciais e financeiras legítimas".

Por fim, no afã de expor as posições majoritárias quanto à identificação do(s) bem(ns) jurídico(s) protegido(s) pelo tipo do branqueamento de capital, cumpre expor, a seguir, a derradeira corrente doutrinária, cujos integrantes defendem a *administração da justiça* como único bem jurídico protegido:

(i) Jorge Alexandre F. Godinho (2013, p. 1002): "não consiste meramente em (...) actos (...) de cariz económico-financeiro, mas sim (...) quando essas condutas se dirigem a uma certa específica finalidade que tem que a ver com a frustração do exercício da justiça"; e

(ii) Pedro Caeiro (2003, p. 1086): "a punição do branqueamento visa tutelar a pretensão estadual ao confisco das vantagens do crime, ou mais especificamente, o *interesse do aparelho judiciário na detecção e perda das vantagens de certos crimes*".

Apontadas as mais diversas posições doutrinais acerca do bem jurídico da lavagem de dinheiro, cumpre expor algumas considerações críticas que se impõem relevantes.

A começar pela definição do bem jurídico comum presente nos delitos econômicos, ou seja, identificar qual o bem jurídico comum protegido pelo chamado Direito Penal Econômico e, assim, perceber a consistência das teses que atribuem ao crime branqueamento a defesa da *ordem econômica per se* ou, em par, com a *administração da justiça*.

CRIME ORGANIZADO E A TUTELA PENAL DO BRANQUEAMENTO DE CAPITAIS: UM ESTUDO CRÍTICO... | 15

Segundo Raúl Cervini (*in* VILARDI *et alli*, 2009, p. 38-39), o Direito Penal Econômico se digna a proteger, em síntese, *"el sistema crediticio, el sistema monetario, el proceso de ingresos y egresos del Estado y la libre competencia (…). La lesión a estos bienes jurídicos macrosociales denuncia una disfunción del sistema y da contenido material al injusto económico"*.

Já conforme Andrei Zenkner Schmidt (*in* VILARDI *et alli*, 2011, p. 29), o objeto de proteção consiste na "ordem econômica enquanto planificação estatal de ordenação econômica da vida social. Escapam de seu alcance (...) todos direitos públicos subjetivos, 'econômicos' ou sociais, porque já tutelados através de outras áreas específicas da parte especial".

Jorge de Figueiredo Dias (2012, p. 523), a seu turno, atribui um caráter "político" às incriminações econômicas, por vezes exasperado, mas as define como fruto do *"sistema político-económico estadual"*, vinculado, de toda forma, às escolhas públicas de intervenção na economia.

Compete, portanto, ao Direito Penal Econômico salvaguardar novos interesses,[17] típicos da sociedade de risco,[18] mais especificamente interesses coletivos de estabilidade socioeconômica, cuja proteção legítima exige – *incontinenti* – o critério de proporcionalidade em *ultima ratio*, bem como, consoante já exposto, a reunião do cariz de proteção mediata de bens jurídicos individuais na essência desses bem jurídicos coletivizados.[19]

Há, ainda, a necessidade de se verificar as arestas da *ordem econômica* no âmago constitucional, afinal não é digna de intervenção penal secundária[20]

---

[17] "Os novos interesses foram consagrados nos ordenamentos jurídicos mais diversos, tal como estão presentes nos ordenamentos português, espanhol e brasileiro, como os 'direitos econômicos, sociais e culturais', conforme a teorização de José Joaquim Gomes Canotilho. Esse novo rol de interesses e direitos, na sistematização de Norberto Bobbio, constituem os direitos fundamentais de segunda e terceira geração, acerca dos quais o filósofo italiano entende que, 'ao lado dos direitos sociais, que foram chamados de direitos de segunda geração, emergiram hoje os chamados direitos de terceira geração, que constituem uma categoria, para dizer a verdade, ainda excessivamente heterogênea e vaga'. Trata-se de um cenário propício de novas realidades que outrora não existiam – ou não com a mesma intensidade –, a exemplo dos debates acerca da preservação da ordem econômica e financeira internacional, do meio ambiente ecologicamente equilibrado e do patrimônio histórico cultural, em que pese, como alertado por Bobbio, à peculiar heterogeneidade e ao caráter vago desses novos interesses difusos e coletivos da sociedade contemporânea". (RODRIGUES, 2013, p. 111).

[18] Para José Carlos Vieira de Andrade (2012, p. 67): "como era de esperar, a globalização transportou os problemas de direitos fundamentais para o âmbito mundial, confrontando as teses do universalismo e do relativismo cultural".

[19] Nesse sentido: "a ordem econômica deve ser vista como um bem jurídico autônomo – ainda que tal autonomia não signifique uma renúncia a um núcleo mínimo de raiz antropológica –, e não um simples somatório de interesses individuais coletivizados numa dada prática econômica". (SCHMIDT *in* VILARDI *et alli*, 2011, p. 22)

[20] Refere-se à classificação comum no Direito Penal português, esclarecida por Jorge de Figueiredo Dias (2012, p. 121): "enquanto os crimes do direito penal de justiça se relacionam em último termo,

(ou de segunda velocidade)[21] a defesa de bens jurídicos sem amparo no texto maior.

A Constituição Portuguesa consagra o bem jurídico penal *ordem econômica* nos arts. 80.º e ss., com ênfase para o que prescreve o art. 81.º, alínea *f, in verbis*:

> Assegurar o funcionamento eficiente dos mercados, de modo a garantir a equilibrada concorrência entre as empresas, a contrariar as formas de organização monopolistas e a reprimir os abusos de posição dominante e outras práticas lesivas do interesse geral;

> A Constituição da República Federativa do Brasil tem, em seu art. 170, o bem jurídico penal em comento positivado, sobretudo quando faz menção à "livre concorrência" e à "defesa do consumidor", assim como ao dispor sobre a "busca pelo pleno emprego".

Não resta dúvida quanto à margem constitucional para expansão da incriminação econômica, desde que pautada pelos princípios liberais atinentes ao Direito Penal, antes mencionados. Ocorre, entretanto, que a indefinição[22] do bem jurídico penal quanto ao branqueamento de capitais põe em risco as liberdades individuais, porquanto a forma de construção dos tipos e das penas do *Direito Penal secundário* difere em grau e natureza do *Direito Penal de justiça*. A expansão razoável em virtude da tipificação do branqueamento de capitais, na forma que impõe um regime constitucional democrático, deve permear a coexistência de *Direitos Penais diversos*, com institutos

---

directa ou indirectamente, com a ordenação jurídico-constitucional relativa aos *direitos, liberdades e garantias das pessoas*, já o direito penal secundário – e de que se encontram exemplos por excelência no direito penal económico (da empresa, do mercado de trabalho, da segurança social...), financeiro, fiscal, aduaneiro, etc. – se relacionam essencialmente com a ordenação jurídico-constitucional relativa aos *direitos sociais e à organização económica*. Diferença que radica, por sua vez, na existência de duas zonas relativamente autónomas na actividade tutelar do Estado: uma que visa proteger a esfera de actuação especificamente *pessoal* (embora não necessariamente 'individual') do homem: do homem 'como este homem'; a outra que visa proteger a sua esfera de actuação *social*: do homem 'como membro da comunidade'".

[21] Classificação utilizada por Jesús-María Silva Sánchez e mais comum no Direito brasileiro: "ao Direito Penal de primeira velocidade caberão os delitos clássicos de lesão e perigo concreto e, consequentemente, abrangerá a pena de prisão, observado o princípio da proporcionalidade. Já ao Direito Penal de segunda velocidade, cuja persecução penal se dará de forma mais flexibilizada, caberão os delitos a bens jurídicos transindividuais, bem como os de mera conduta e perigo abstrato, desde que ausentes as penas restritivas de liberdade – nada impede a aplicação de penas pecuniárias e restritivas de direito". (RODRIGUES, 2013, p. 135).

[22] "Vimos já que a repressão deste crime denota uma tendência expansiva na história recente das leis europeias, numa relação de mútua referência com a desorientação legislativa, jurisprudencial e doutrinal acerca do bem jurídico que assim se visa proteger. Por outras palavras: a ausência de um bem jurídico claramente identificado foi permitindo a dilatação do tipo, que, por sua vez, torna cada vez mais difícil a dilucidação daquela questão". (CAEIRO, 2003, p. 1081).

CRIME ORGANIZADO E A TUTELA PENAL DO BRANQUEAMENTO DE CAPITAIS: UM ESTUDO CRÍTICO... | 17

típicos, dispositivos de imputação, princípios processuais e penas, em substância, diversas. Assim, não pode o aparato estatal valer-se, para o caso da lavagem de dinheiro, da persecução penal flexibilizada, própria do Direito Penal Econômico, caso o bem jurídico protegido seja a *administração da justiça* ou outro qualquer atinente ao Direito Penal clássico.

E eis a questão, afinal não se percebe a relação entre o branqueamento de capitais e o Direito Penal Econômico, no que se refere ao bem jurídico protegido. Por toda a literatura jurídica e legislação específica do assunto, não se observa a preocupação com a preservação da estabilidade econômica ou, mais propriamente, com a garantia da livre concorrência, da livre iniciativa, da busca pelo pleno emprego e, muito menos, com a defesa do consumidor ou com a fluidez regular do sistema financeiro. Ao contrário, é flagrante a despreocupação com o assunto na origem da tipificação do branqueamento e qualquer ponderação com os impactos no domínio econômico tomam-no apenas como o meio no qual se dá o *iter criminis* do delito precedente.

Aliás, o legislador brasileiro consignou expressamente, na exposição de motivos da Lei Federal n.º 9.613/1998 ("Lei de Lavagem de Dinheiro"), publicada no Diário da Câmara dos Deputados (1997, p. 3872-3877), a sua intenção de contribuir para o "combate sistemático de algumas modalidades mais freqüentes da criminalidade organizada em nível transnacional". E, por outro lado, não fez qualquer menção, seja a mais breve e singela, à *ordem econômica* ou a termos correlatos no âmago da *mens legislatoris*.[23]

---

[23] A propósito, o legislador brasileiro deixa claro que a importância da *ordem econômica*, particularmente no âmbito do sistema financeiro, é utilizar de seus bancos de dados e juntar-se à Administração Pública para rastrear o capital branqueado, demonstrando inequivocamente que a sua preocupação não está nos danos causado a ele, mas sim em extrair daí as informações necessárias para combater os crimes precedentes. *In verbis*: "88. Nessa altura, cabe pôr em relevo o importante papel que o Sistema Financeiro Nacional terá no combate à lavagem de dinheiro. 89. Como o curso da moeda, modernamente, é realizado quase que exclusivamente pelos sistemas financeiros de cada país, as operações de lavagem, num ou noutro momento, passarão pelos referidos sistemas. Considerando os modernos avanços das telecomunicações, o processo de integração, de globalização das economias e de interligação dos sistemas financeiros mundiais, verifica-se que as transações financeiras, não só dentro do território nacional, como especialmente entre países, estão extremamente facilitadas. A modernização do sistema, ao permitir transferências financeiras internacionais instantâneas, notadamente aquelas direcionadas para paraísos fiscais e bancários, acaba dificultando a persecução, o descobrimento e a apreensão dos capitais procedentes de atividades delituosas e, conseqüentemente, aumenta a eficácia da lavagem de dinheiro. Por tudo isso, está evidente o importante papel – involuntário, registre-se – que o sistema financeiro desempenha e desempenhará – se não se envolver no combate a essas atividades delituosas – na consolidação de uma indústria de lavagem de dinheiro no país, o que certamente repercutirá negativamente perante toda a sociedade brasileira e internacional". (DIÁRIO DA CÂMARA DOS DEPUTADOS, 1997, p. 3875).

Inserido no mesmo contexto, a singular posição de Jorge Figueiredo Dias (2012, p. 534-535) é digna de nota pela maneira como traça a fronteira entre a reciclagem de capitais e o Direito Penal Econômico:

> É importante sublinhar que a atual imposição aos privados, atrás referida, de cada vez mais apertados esquemas de vigilância e controlo de certas operações económicas (*máxime*, no que diz respeito à movimentação de fundos através de bancos e outras entidades financeiras), musculados com severas sanções penais e aplicados pelos próprios operadores privados numa veste de quase-polícias, *nada tem que ver com a tutela da economia*. Na realidade, ela encontra-se ordenada à pretensão de que essas operações não sirvam de meio para ofensa de outros bens jurídicos: pense-se, *v. g.*, nas incriminações do *branqueamento de capitais* e do *financiamento do terrorismo*. Nesse contexto, talvez, *possa mesmo sugerir que a economia não é encarada como objeto de proteção, mas antes como potencial instrumento de crime. (...). O objetivo de garantir a Law and order ressalta claramente como primeira finalidade, admitindo-se depois que as condutas em causa podem conduzir a distorções da concorrência (perigo abstrato para a concorrência leal) e, em último lugar, trazer eventualmente um prejuízo ao desenvolvimento económico.*

À margem da doutrina que acredita ser a lavagem de dinheiro verdadeira mácula para os sistemas financeiros nos quais se aporta,[24] é de se preferir uma perspectiva mais cética quanto à suposta ocorrência de tais prejuízos de cunho "ético" no mercado. Não há como negar os lucros auferidos pelas instituições financeiras, os empregos gerados, os acréscimos substanciais no produto interno bruto de países com economias mais frágeis (Afeganistão e Bolívia, *v.g.*), entre outros fatores que tornam o negócio muito atrativo em alguns cenários econômicos, em que pesem os prejuízos causados além fronteira (exemplo de alguns países em que o sistema financeiro é solidamente baseado em entidades *offshore*, como tratado no tópico 2 deste trabalho).

Sem embargo, a defesa da *administração da justiça* como o bem jurídico protegido pelo branqueamento também não se sustenta no passo em que expande a sua respectiva legislação criminal, cada vez mais pródiga na flexibilização de garantias constitucionais (tal como o *sigilo fiscal* e *bancário*),

---

[24] Em meio aos que defendem tal tese, cite-se: "Em termos, aponta-se aos movimentos de branqueamento de capitais a irracionalidade que podem introduzir no sistema, pondo em causa as políticas estabelecidas, dando sinais errados aos mercados e decisores e podendo afectar seriamente a estabilidade das vulneráveis economias dos chamados mercados emergentes. (...). Os movimentos de branqueamento podem ainda afectar seriamente o sistema financeiro, pois o conhecimento de que uma praça é usada como plataforma para operações de branqueamento é susceptível de manchar a sua credibilidade e afastar progressivamente os investidores, que prezam acima de tudo a transparência e o respeito pelas regras e códigos de conduta estabelecidos". (BRANDÃO, 2002, p. 20-21).

garantias processuais penais (com o avanço, *e.g.*, da delação premiada), bem como na inflação punitiva desenfreada, tanto no aumento de penas privativas de liberdade quanto na majoração de penas pecuniárias.

Em suma, não é digna de legitimidade constitucional a intervenção de caráter penal *secundário* com vistas à proteção de bem jurídico típico de Direito Penal *de justiça*, no âmbito de um Estado Democrático de Direito. Suspeita-se, assim, de tendências de expansão simbólica peculiares ao *Direito Penal do Inimigo*, cuja definição, tratada em outra ocasião (RODRIGUES, 2013, p. 160-161), calha ser revista a seguir:

> O modelo repressor, cada vez mais adotado, aproxima-se do que, segundo Manuel Cancio Meliá, é denominado de *Direito Penal do Inimigo* ou, para Jesús-María Silva Sánchez, *Direito Penal de terceira velocidade*. Atribui-se a criação do conceito dessa nova dimensão de expansão criminal ao penalista alemão Günther Jakobs, que identificou três elementos bases do processo de criminalização de delitos socioeconômicos, sobretudo aqueles praticados por organizações criminosas e terroristas. São eles: (i) avanço da punibilidade prospectiva, ou seja a criminalização do perigo abstrato, mera conduta e até mesmo da simples cogitação *praeter criminis*, ao contrário da teoria clássica que exige a lesividade antecedente para a resposta do processamento penal; (ii) penas desproporcionalmente elevadas, destituídas de qualquer função preventiva, reacendendo as premissas da *vingança pública*; e (iii) relativização e supressão de liberdades e garantias processuais de caráter individual. Diferentemente da concepção *redutora* de Zaffaroni e das abordagens liberais de Hassemer e Sánchez, a função do *Direito Penal do Inimigo* é identificar e tratar o delinquente típico dessa dimensão como um adversário do ordenamento jurídico. Jakobs parte da premissa de que níveis de punibilidade e de relativização de garantias são legítimos na medida da gravidade do delito para a segurança do Estado de Direito. A ideia do *inimigo*, portanto, atribui ao Direito Penal a função protetora do ordenamento jurídico, em razão da seguinte lógica: a proteção do Estado de Direito e de seu ordenamento antecede a proteção dos *direitos de liberdade*, pois, sem aquele não se poderiam exigir estes. Para o autor, eventuais vulnerações de direitos humanos, depois de um processo legislativo de criminalização, mostram traços próprios do *Direito Penal do Inimigo* sem serem por eles considerados ilegítimos. O hiperpunitivismo do *inimigo* claramente delimitado e destinado à proteção de direitos humanos e do próprio Estado seria, portanto, legítimo. Assim, autorizar a máxima amplitude do poder punitivo estatal para combater organizações criminosas narcotraficantes, por exemplo, estaria devidamente justificado em função dos danos causados aos direitos humanos e, consequentemente, a toda sociedade pelo mercado ilícito de tóxicos.

Definidos os traços típicos de tal perspectiva *Jakobsiana*, cumpre transcrever as considerações críticas obtidas no mesmo trabalho a respeito do *Direito Penal do Inimigo* (RODRIGUES, 2013, p. 135):

> Cumpre mencionar a existência de teóricos de uma *terceira velocidade* do Direito Penal, também conhecida como *Direito Penal do Inimigo*. Destina-se, em ampla medida, ao combate da macrocriminalidade socioeconômica, principalmente a de caráter transnacional. A denominação de *inimigo* traz profunda substância simbólica repressiva, pois abandona qualquer finalidade punitiva de reinserção do delinquente: é a repressão máxima em prol da defesa das ordens nacional e internacional. Com as devidas ressalvas, a visão do *inimigo* aparenta ser um retrocesso na teoria do crime, uma vez que flerta com as ideias penais de *vingança*, há séculos superadas pela humanidade. Segue-se, para tanto, a posição quanto à recondução do âmbito de incidência do *Direito Penal do Inimigo* à primeira ou à segunda velocidades.

Uma das maiores evidências da tendência expansionista do branqueamento de capitais se observa na recente alteração da legislação brasileira.

A Lei Federal n.º 9.613/1998 cominava um rol taxativo de delitos precedentes cujos valores auferidos com as correspondentes práticas criminosas poderiam dar ensejo à lavagem de dinheiro, inserindo-se, pois, o parlamentar de 1998 no contexto da legislação do gênero de segunda geração, conforme bem esclarece em sua Exposição de Motivos (DIÁRIO DA CÂMARA DOS DEPUTADOS, 1997, p. 3875):

> 15. As *primeiras legislações* a esse respeito, elaboradas na esteira da Convenção de Viena, circunscreveram o ilícito penal da "lavagem de dinheiro" a bens, direitos e valores à conexão com o tráfico ilícito de substâncias entorpecentes ou drogas afins. Gravitavam, assim, na órbita da "receptação" as condutas relativas a bens, direitos e valores originários de todos os demais ilícitos que não foram as espécies típicas ligadas ao narcotráfico. Essa orientação era compreensível, visto que os traficantes eram os navegadores pioneiros nessas marés da delinquência transnacional e os frutos das suas conquistas não poderiam ser considerados como objeto da receptação convencional. 16. Adveio, então, uma legislação de *segunda geração* para ampliar as hipóteses dos ilícitos antecedentes e conexos, de que são exemplos as vigentes na Alemanha, na Espanha e em Portugal. 17. Outros sistemas, como o da Bélgica, França, Itália, México, Suíça e Estados Unidos da América do Norte, optaram por conectar a "lavagem de dinheiro" a todo e qualquer ilícito precedente. A doutrina internacional considera a legislação desses países como de *terceira geração*. 18. A orientação do projeto perfila o penúltimo desses movimentos.

CRIME ORGANIZADO E A TUTELA PENAL DO BRANQUEAMENTO DE CAPITAIS: UM ESTUDO CRÍTICO... | 21

Com efeito, afora casos excepcionais, a legislação hodierna que se sobressai por todo mundo está situada na segunda geração, no entanto com sinais de migração cada vez maior para diplomas legais de terceira geração, o que se realizou, no Brasil, por força da Lei Federal 12.683/2012. Por este atual regime, deu-se nova redação à Lei Federal n.º 9.613/1998, transmutando-a para legislação de terceira geração, ao indiscriminar o crime precedente, independente do grau de ofensividade e da correlação com a delinquência organizada.

Ademais, ao contrário do apontado pelo legislador brasileiro de 1998, conforme transcrito acima, o Direito Penal Português (art. 368.º-A) aproxima-se mais da legislação brasileira pós-reforma (*terceira geração*) do que da redação anterior (*segunda geração*), isso porque, além do rol de crimes em geral relacionados com a criminalidade organizada, a parte final do art. 368.º-A, n.º 1, do Código Penal Português alcança uma vasta gama de ilícitos penais como crime precedente ao branqueamento, desde que a pena mínima de prisão supere seis meses ou a máxima ultrapasse os cinco anos.

Conforme defendido por Jorge de Figueiredo Dias (2012, p. 535), todo o aparato penal e administrativo (ou contra-ordenacional para o caso português) que reúne traços de *terceira geração* filia-se ao "objetivo de garantir a *law and order* (...) como primeira finalidade".

Por todo o exposto, a fixação da *ordem econômica* ou da *administração da justiça* como bens jurídicos legitimadores da intervenção penal no branqueamento de capitais não devem prosperar sob a égide de um Estado Democrático de Direito, consoante as seguintes razões:

(i) de um lado, porque nunca se percebeu, na intenção do legislador, a proteção imediata ou, até mesmo, mediata da estabilidade da *ordem econômica* e, em sendo hoje tal entendimento pacífico na jurisprudência[25] e no

---

[25] Em referência, segue a posição adotada pelo Supremo Tribunal Federal (STF), órgão de mais elevada jurisdição no Brasil, notadamente em defender tanto a *ordem econômica* quanto a *administração da justiça* como bens jurídicos tutelados: "EMENTA: INQUÉRITO. QUESTÃO DE ORDEM. APREENSÃO DE NUMERÁRIO, TRANSPORTADO EM MALAS. COMPROVAÇÃO DE NOTAS SERIADAS E OUTRAS FALSAS. INVESTIGAÇÃO CRIMINAL PELA SUPOSTA PRÁTICA DO CRIME DE LAVAGEM DE DINHEIRO. LEI Nº 9.613/98 (LEI ANTILAVAGEM). PEDIDO DE LEVANTAMENTO DO DINHEIRO BLOQUEADO, MEDIANTE CAUCIONAMENTO DE BENS IMÓVEIS QUE NÃO GUARDAM NENHUMA RELAÇÃO COM OS EPISÓDIOS EM APURAÇÃO. IMPOSSIBILIDADE, À FALTA DE PREVISÃO LEGAL. Nos termos do art. 4º da Lei Antilavagem, somente podem ser indisponibilizados bens, direitos ou valores sob fundada suspeição de guardarem vinculação com o delito de lavagem de capitais. Patrimônio diverso, que nem mesmo indiretamente se vincule às infrações referidas na Lei nº 9.613/98, não se expõe a medidas de constrição cautelar, por ausência de expressa autorização legal. A precípua finalidade das medidas acautelatórias que se decretam em procedimentos penais pela suposta prática dos crimes de

parlamento, seria como tipificar uma conduta e, com o passar do tempo, descobrir o real bem jurídico protegido, raciocínio este manifestamente inconstitucional;[26] e

(ii) de outro lado, por força de a incriminação da lavagem de dinheiro detida ao bem jurídico *administração da justiça* representar verdadeiro hiperpunitivismo próprio do *Direito Penal do Inimigo*.

1.4 CORRELAÇÃO COM A ASSOCIAÇÃO CRIMINOSA: COMPARTICIPAÇÃO (OU PLURISSUBJETIVIDADE) NECESSÁRIA DO BRANQUEAMENTO DE CAPITAIS

A correlação entre o crime organizado e o branqueamento de capitais está por todo lado. Das notícias veiculadas pela imprensa à jurisprudência dos mais diversos países, sem deixar de perpassar a doutrina lusófona ou de demais tradições jurídico-ocidentais.

A quase totalidade dos autores citados neste trabalho ressoa a posição de que a origem da tipificação do branqueamento remonta ao processo de transnacionalização do narcotráfico e posterior avanço, na mesma direção, das demais organizações criminosas,[27] cujas atividades são as mais diversas,

---

lavagem de capitais está em inibir a própria continuidade da conduta delitiva, tendo em vista que o crime de lavagem de dinheiro consiste em introduzir na economia formal valores, bens ou direitos que provenham, direta ou indiretamente, de crimes antecedentes (incisos I a VIII do art. 1º da Lei nº 9.613/98). Daí que a apreensão de valores em espécie tenha a serventia de facilitar o desvendamento da respectiva origem e ainda evitar que esse dinheiro em espécie entre em efetiva circulação, retroalimentando a suposta ciranda da delitividade. Doutrina. *Se o crime de lavagem de dinheiro é uma conduta que lesiona as ordens econômica e financeira e que prejudica a administração da justiça*; se o numerário objeto do crime em foco somente pode ser usufruído pela sua inserção no meio circulante; e se a constrição que a Lei Antilavagem franqueia é de molde a impedir tal inserção retroalimentadora de ilícitos, além de possibilitar uma mais desembaraçada investigação quanto à procedência das coisas, então é de se indeferir a pretendida substituição, por imóveis, do numerário apreendido. Não é de se considerar vencido o prazo a que alude o § 1º do art. 4º da Lei nº 9.613/98, que é de 120 dias, pois ainda se encontram inconclusas as diligências requeridas pelo Ministério Público Federal, em ordem a não se poder iniciar a contagem do lapso temporal. Questão de ordem que se resolve pelo indeferimento do pedido de substituição de bens". (2006).

26   Nesse ponto em particular, cumpre citar a posição sustenta por Jorge de Figueiredo Dias e Manuel da Costa Andrade (2013, p. 441): "O critério decisivo, de um ponto de vista político-criminal, para analisar a legitimidade de um processo neocriminalização será o de saber, por um lado, se se trata de fenômenos sociais novos, ou em todo o caso anteriormente raros, que desencadeiam consequências insuportáveis e contra as quais só o direito penal é capaz de proporcionar proteção suficiente. Ainda aqui, assim, deparamos com os critérios da dignidade penal e da carência de tutela penal. Também aqui pois – e sobretudo perante fenómenos sociais ainda mal conhecidos na sua estrutura e nas suas consequências – se deverá evitar uma intervenção prematura da tutela penal, em detrimento de um paulatino desenvolvimento de estratégias não criminais de controlo social".

27   Além das posições já referenciadas: "A necessidade de fazer introduzir no mercado financeiro internacional os gigantescos montantes pecuniários auferidos com essas actividades 'obrigou' a que

CRIME ORGANIZADO E A TUTELA PENAL DO BRANQUEAMENTO DE CAPITAIS: UM ESTUDO CRÍTICO... | 23

a exemplo: do jogo ilegal; do tráfico de pessoas, de órgãos e tecidos; do tráfico de animais; do abuso sexual de menores; da corrupção; da delinqüência econômica etc.

O fato é que não há quem recicle capital sozinho e, muito menos, quem lave recursos para uma pessoa singular, em meio aos negócios do crime.

Tanto é assim que a redação do art. 368.°-A do Código Penal português é expressa ao consignar a necessidade de *comparticipação* no crime precedente ("...consideram-se vantagens os bens provenientes da prática, *sob qualquer forma de comparticipação...*"), insinuando a eminente correlação entre o branqueamento e o crime organizado.

Nas jurisprudências portuguesa e brasileira, também é perceptível a intrínseca relação entre a prática da lavagem de capitais com a criminalidade organizada, até porque não se encontrou, ao longo desta pesquisa, acórdão cujo o objeto tratasse do branqueamento isoladamente, isto é, sem menção a dada estrutura criminosa por trás das condutas que ensejaram o crime precedente e o branqueamento em si.

A esse respeito, julgou o Tribunal de Relação do Porto, por ocasião do Recurso n.° 1082/05.4TAGDM.P1, de relatoria do Excelentíssimo Senhor Doutor Juiz R. Costa e Silva, no seguinte sentido (2012):

> Objectar-se-á que o crime de branqueamento se destaca dos crimes subjacentes, por potenciar os seus efeitos, de forma particularmente perigosa para a comunidade, constituindo-se como instrumento autónomo de aglutinação de vultuosas quantias de proveniência criminosa, fortalecendo os que praticam crimes, sobretudo os que o fazem de *forma sistemática e organizada*. Mas não se pode esquecer, por um lado, que a gigantesca acumulação pecuniária que o branqueamento pode ajudar a congregar, provém, sempre, da prática de crimes subjacentes e, por outro, que, para que tal acumulação aconteça na referida ordem de grandeza, necessário é que o crime ou crimes subjacentes sejam cometidos numa escala correspondente, o que nem sempre sucede e que, quando acontecer, elevará correspondentemente a moldura penal de tais crimes (mesmo se de forma não exactamente correspondente).

Há inúmeros casos com semelhante abordagem, em que o Superior Tribunal de Justiça brasileiro já proferiu julgados, entre os quais, cite-se excerto do

---

essas organizações se dedicassem à procura sistemática de especialistas com elevado 'know-how' e de jurisdições com relevante grau de segredo bancário ou, pelo menos, pouco curiosa acerca da origem dos fundos. O Fundo Monetário Internacional calcula que todos os anos sejam 'branqueados' a nível mundial, cerca de 6000 biliões de USD. Num recente relatório, o Departamento de Justiça dos Estados Unidos admite que os cartéis mexicanos e colombianos 'branqueiam' anualmente, um montante que oscilará entre os 8.3 biliões de USD e os 24.9 biliões de USD". (DAVIN, 2007, p. 38-39).

Habeas Corpus n.º 101.808/MT, de relatoria do Ministro Napoleão Nunes Maia Filho (2008):

> HABEAS CORPUS PREVENTIVO. PACIENTE DENUNCIADA POR FORMAÇÃO DE *QUADRILHA*, CORRUPÇÃO PASSIVA E *LAVAGEM DE DINHEIRO*. OPERAÇÃO SANGUESSUGA. INEXISTÊNCIA DE INÉPCIA DA DENÚNCIA. PEÇA ACUSATÓRIA QUE DESCREVE SATISFATORIAMENTE A CONDUTA DA ACUSADA. CERCEAMENTO DE DEFESA INOCORRENTE. ORDEM DENEGADA. 1. Esta Corte possui entendimento pacífico de que nos *crimes plurissubjetivos* ou complexos, a denúncia não precisa individuar, minuciosamente, a conduta de cada um dos acusados, ou de decliná-los todos, porquanto só a instrução criminal será capaz de desvendar as atividades de cada um deles com maior precisão, sob pena de inviabilizar o exercício da acusação pelo Ministério Público; isso porque, modernamente, os crimes se têm tornado uma atividade de extrema sofisticação, muitas vezes exercida em condições tão especiais, que somente no curso da Ação Penal, com o emprego dos métodos judiciais de descoberta da realidade, será possível detectar-se toda a rede de agentes envolvidos na sua perpetração.

Com efeito, o crime organizado tem como principal característica, conforme sustenta João Davin (2007, p. 9), "a sua adaptabilidade às condições envolventes nomeadamente do ponto de vista jurídico-penal, ou seja, a (incessante) procura de jurisdições mais 'favoráveis' em que as penalidades sejam menores ou onde a perseguição penal é de menor qualidade", sendo que, neste último ponto favorável, situa-se justamente a menor repressão ao branqueamento de capitais.

Em última análise, o crime de branqueamento de capitais existe em função da delinquência organizada e a delinquência organizada é potencialmente danosa e criminalizada em função da prática da lavagem de dinheiro.

Então, cumpre reiterar as questões que já foram de certa maneira postas ao longo do trabalho:

(i) há bem jurídico próprio protegido com a tipificação do branqueamento e, portanto, trata-se de um delito autônomo?

(ii) caso não haja autonomia e bem jurídico próprio a ser protegido, por decorrência lógica, não haveria ausência de legitimidade constitucional na incriminação autônoma, a exemplo dos ordenamentos jurídicos brasileiro (Lei Federal n.º 9.613/1998) e português (art. 368.º-A do Código Penal?

Como já dito, não se percebe bem jurídico digno de intervenção penal, seja ele determinado ou determinável, que legitime o tipo autônomo de branqueamento de capitais, ao se partir da premissa constitucional-democrática.

CRIME ORGANIZADO E A TUTELA PENAL DO BRANQUEAMENTO DE CAPITAIS: UM ESTUDO CRÍTICO... **25**

No entanto, o problema ainda persiste sem solução. Até porque, a doutrina mais alinhada com o pensamento clássico-liberal, admite a inevitável expansão do Direito Penal, notadamente na esfera do crime organizado, a exemplo da posição de Jesús-María Silva Sánchez (2012, p. 34-35):

> A tipificação do delito de lavagem de dinheiro é, enfim, uma manifestação de expansão razoável do Direito Penal (em seu núcleo, de alcance limitado) e de expansão irrazoável do mesmo (no resto das condutas, em relação as quais não se possa afirmar em absoluto que, de modo específico, lesionem a ordem econômica de modo penalmente relevante).

Diante disso, o que se propõe para sistematização penal mais coerente com as ordens constitucionais democráticas em que se expandiu a legislação anti-branqueamento, ainda que em caráter embrionário, é atentar para a comparticipação – ou plurissubjetividade[28] – necessária da conduta de reciclar capitais e, daí, a reinserção dessa conduta na esfera penal numas das seguintes hipóteses:

(i) no ordenamento jurídico português: (i.1) como *circunstância modificativa agravante especial*[29] do delito de *associação criminosa* (art. 299.º do Código Penal português), ou (i.2) como *circunstância modificativa agravante especial* do atual rol *numerus clausus* de delitos enunciados no tipo de *branqueamento de capitais* em comparticipação (art. 368.º-A também do Código Penal); e

(ii) no ordenamento jurídico brasileiro: (ii.1) como *circunstância especial qualificadora do crime*[30] de *organização criminosa* (art. 2º da Lei

---

[28] A fim de firmar o conceito adotado quanto à plurissubjetividade penal: "Crime plurissubjetivo, por sua vez, é o crime de concurso necessário, isto é, aquele que por sua estrutura típica exige o concurso de, no mínimo, duas pessoas. A conduta dos participantes pode ser paralela (quadrilha), convergente (adultério e bigamia), ou divergente (rixa)". (BITENCOURT, 2012, p. 316).

[29] "A moldura penal resultante do preenchimento de determinado tipo legal de crime pode vir a ser modificada, por efeito das chamadas circunstâncias modificativas, agravantes ou atenuantes. Circunstâncias são, nesta aceção, segundo FIGUEIREDO DIAS, 'pressupostos ou conjuntos de pressupostos que, não dizendo diretamente respeito nem ao tipo-de-ilícito (objetivo ou subjetivo), nem ao tipo-de-culpa, nem mesmo à punibilidade em sentido próprio, todavia contendem com a maior ou menor gravidade do crime como um todo e relevam por isso diretamente para a doutrina da determinação da pena' (§ 259). As circunstâncias dividem-se em *agravantes* – alteram a modura penal elevando-a num dos limites ou nos limites mínimo e máximo – e *atenuantes* – alteram a moldura penal baixando-a num dos limites ou nos limites mínimo e máximo; e em *comuns ou gerais* – aplicam-se qualquer que seja o crime em causa (...) – e *especiais ou específicas* – aplicam-se somente para certo ou certos tipos legais de crime, sendo, por isso, reguladas na parte especial do CP". (ANTUNES, 2013, p. 39-40).

[30] "Cumpre destacar, porém, que somente os tipos básicos contêm as elementares do crime, porquanto os chamados tipos derivados — qualificados — contêm circunstâncias especiais que, embora constituindo elementos específicos dessas figuras derivadas, não são elementares do crime básico, cuja

Federal n.º 12.850, de 2013), ou (ii.2) como *causa modificativa majorante*[31] ambém do delito de *organização criminosa*, uma vez que não há mais na legislação brasileira anti-branqueamento (de *terceira geração*) rol taxativo de crimes precedentes.

Günther Stratenwerth (2005, p. 86) cita posição semelhante à presente neste trabalho, outrora defendida na Suíça e sua repercussão legislativa à época:

> Nada seria mais oportuno do que tornar punível o branqueamento de capitais exactamente deste ponto de vista: o do apoio a uma organização criminosa. Mas esta via não era viável na Suíça. As autoridades políticas tinham censurado, poucos anos antes, com objecções em parte absurdas, a proposta de uma comissão de peritos que consistia em criar um tipo de crime de organização criminosa e tão depressa e sem penosidade não se podia reparar a falta. Não existia nada, pois, em que se pudessem apoiar. BERNASCONI tinha proposto que se concebesse o branqueamento de capitais como impedimento da intervenção dos órgãos de investigação criminal sobre valores patrimoniais, que subjazem à apreensão, inserindo-o portanto nos crimes contra a realização da justiça, e as instâncias legislativas seguiram-no, com a consequência de que, agora, no branqueamento de capitais, só se pode falar em crime organizado, contra o qual se devia dirigir o tipo legal, na forma de uma *qualificação*.

A definição do melhor caminho a ser trilhado entre as propostas acima exige trabalho mais pormenorizado sobre o assunto, o qual se pretende desenvolver oportunamente. Entretanto, cumpre consignar, desde logo, os princípios jurídico-penais da intervenção mínima e da proporcionalidade que se impõem em qualquer espécie de alteração legislativa desse jaez. A opção, *verbi gratia*, entre a *qualificadora* ou *majorante* no Direito Penal

---

existência ou inexistência não alteram a definição deste. Assim, as qualificadoras, como dados acidentais, servem apenas para definir a classificação do crime derivado, estabelecendo novos limites mínimo e máximo, cominados ao novo tipo". (BITENCOURT, 2012, p. 854).

[31] "Além das agravantes e atenuantes, há outras causas modificativas da pena, que o Código denomina causas de aumento e de diminuição, também conhecidas como majorantes e minorantes. As majorantes e minorantes são fatores de aumento ou redução da pena, estabelecidos em quantidades fixas (ex.: metade, dobro, triplo, um terço) ou variáveis (ex.: um a dois terços). Alguns doutrinadores não fazem distinção entre as majorantes e minorantes e as qualificadoras. No entanto, as qualificadoras constituem verdadeiros tipos penais — tipos derivados — com novos limites, mínimo e máximo, enquanto as majorantes e minorantes, como simples causas modificadoras da pena, somente estabelecem a sua variação. Ademais, as majorantes e minorantes funcionam como modificadoras na terceira fase do cálculo da pena, o que não ocorre com as qualificadoras, que estabelecem limites mais elevados, dentro dos quais será calculada a pena-base. Assim, por exemplo, enquanto a previsão do art. 121, § 2º, caracteriza uma qualificadora, a do art. 155, § 1º, configura uma majorante". (BITENCOURT, 2012, p. 862).

brasileiro deve considerar a solução menos restritiva de liberdades, o que tende à predominância da *majorante de pena*.

Com essas propostas, almeja-se também evitar os atuais conflitos hermenêuticos com os delitos de *receptação* (Portugal e Brasil) e *favorecimento real* (Brasil). Além de prevenir, no caso brasileiro, a hipótese mais grave de *bis in idem* entre a lavagem de dinheiro majorada pela prática em estrutura de *organização criminosa* (art. 1º, § 4º, da Lei Federal n.º 9.613/1998) e a imputação de organização criminosa (art. 2º da Lei Federal n.º 12.850, de 2013) concorrentemente, tal como sugerem Cezar Roberto Bitencourt e Paulo César Busato (2014, p. 42-43).

1.5 CONCLUSÃO

Assim como a globalização vivenciada nos últimos tempos integrou culturas e economias, a criminalidade também transcendeu fronteiras e se expandiu justamente por intermédio do sistema financeiro, meio que – sem sombra de dúvida – mais se dinamizou em virtude do processo de integração de mercados.

Não obstante, o surgimento de um ambiente globalizado, em que despertam novos riscos e interesses, não justifica a imediata e desarrazoada neocriminalização ou expansão do Direito Penal. Afinal, procurou-se estudar as repercussões desse fenômeno contemporâneo nos ordenamentos jurídicos ocidentais, de cariz democrático, nos quais as liberdades e suas correspondentes garantias inauguram o sistema jurídico e dão-lhe substância. O Direito Penal, aqui, não se dissociou de suas inspirações liberais, ao contrário, delas não pode se afastar.

Nesse contexto, este trabalho trouxe a lume a criminalização autônoma da lavagem de dinheiro e sua perene expansão no sentido de restrição de liberdades, cujos traços fundamentais não se mostram, por vezes, legítimos e proporcionais frente ao Direito Penal do bem jurídico.

Partiu-se, para tanto, da perspectiva de constitucionalização do Direito Penal, mediante a qual se denunciam as medidas penais desnecessárias, inadequadas ou desproporcionadas à preservação de um bem jurídico com dignidade constitucional.

Nessa matéria, os ordenamentos jurídicos português e brasileiro se distinguem em certa medida, porém subsiste na doutrina e na jurisprudência de ambos a indefinição quanto ao bem jurídico protegido com a criminalização do branqueamento de capitais.

As três correntes principais que se destacam na determinação do bem jurídico protegido com a incriminação do branqueamento não satisfazem, a partir do que foi investigado, os critérios necessários para a legitimação de sua tipificação autônoma, conforme está prescrito por todos os regimes jurídico-penais consultados.

A primeira, versada na fixação da *ordem econômica* como o bem jurídico digno da intervenção penal, não corresponde ao contexto de produção legislativa, ao menos no caso brasileiro, porquanto a proteção da estabilidade dos mercados nunca foi a intenção fulcral do legislador, sobretudo ao se considerar a sucessão de gerações das leis de combate ao branqueamento, voltadas à repressão do crime organizado desde a origem. Sem contar que nunca se fez presente a gradação de impactos reais da atividade de lavagem de capitais no domínio econômico, tratando-se muito mais de um subterfúgio retórico para a hipertrofia punitiva. Em outras palavras, haveria de se considerar caso a caso o impacto ou potencial impacto das condutas de branqueamento, ao invés de se imputar uma responsabilização penal objetiva, construída em cima de um perigo abstrato a bem jurídico incerto, o que é incondizente com os corolários constitucionais de um Estado Democrático de Direito.

A segunda, consistente na proteção da *administração da justiça*, alinha-se ao Direito Penal do Inimigo, ainda mais incompatível com os direitos fundamentais de liberdade consagrados tanto no ordenamento jurídico brasileiro como no português. Isso porque, na essência, a *administração da justiça per se* não figura como um bem jurídico constitucional, mas sim a proteção da norma pela norma.

A terceira corrente recai nos vícios anteriores, afinal diz se tratar tanto da *ordem econômica* quanto da *administração da justiça* como bens jurídicos protegidos pela incriminação do branqueamento de capitais.

Outras questões como a quebra de sigilo de informações bancárias foram brevemente abordadas, mas não merecem menor importância, haja vista que a legislação anti-branqueamento dirigida a sua persecução penal, em si, já representa relativização de garantias individuais. No fundo, se não há certeza quanto ao bem jurídico a ser protegido, muito menor é a legitimidade de normas processuais para a sua persecução.

Conforme a doutrina que amparou esta pesquisa, todo o engenho político criminal e administrativo para a repressão da lavagem de dinheiro reúne traços característicos da *law and order* como finalidade precípua, ou seja, Direito Penal simbólico e hiperpunitivista, totalmente incompatível com a tradição do Direito Penal do bem jurídico.

Propôs-se, assim, novas alternativas ao avanço da incriminação do branqueamento de capitais; alternativas mais coerentes com o núcleo constitucional de proteção dos direitos fundamentais de liberdade, bem como na linha teórica do Direito Penal do bem jurídico. De antemão, evidenciou-se a comparticipação necessária presente na lavagem de dinheiro para, então, suscitar a revisão legislativa destinada a inserir tal conduta como circunstância de agravamento dos crimes precedentes, com destaque para a hipótese do delito de associação criminosa.

Como dito, a melhor maneira de promover tal revisão deve ser escolhida com base no arcabouço teórico que deu causa à própria problemática adotada neste trabalho, qual seja: a indefinição do bem jurídico do branqueamento de capitais e, consequentemente, a sua insubsistente incriminação autônoma. O discurso, portanto, deve passar por todos os filtros necessários com fins a garantir uma intervenção mínima e proporcional, à luz da proteção de um bem jurídico com dignidade constitucional. Caso assim não seja, é inevitável a desconformidade das normas penais autônomas de anti-branqueamento com as constituições portuguesa e brasileira, tal como acontece hoje.

REFERÊNCIAS

ANDRADE, José Carlos Vieira de. **Os direitos fundamentais na constituição portuguesa de 1976**. 5 ed. Coimbra: Almedina, 2012.

ANTUNES, Maria João. A problemática penal e o tribunal constitucional. In: **Estudos em Homenagem ao Prof. Doutor José Joaquim Gomes Canotilho**, vol. I. Coimbra: Coimbra Editora, 2012.

ANTUNES, Maria João. **Código penal**. 20 ed. Coimbra: Coimbra Editora, 2013.

ANTUNES, Maria João. **Consequências jurídicas do crime**. Coimbra: Coimbra editora, 2013.

BBC. **Hungria e Israel deixam lista negra da lavagem de dinheiro**. Disponível em: <http://www.bbc.co.uk/portuguese/economia/020621_dinheirodb.shtml>. Acesso em: 28 de janeiro de 2014.

BECK, Ulrich. A política na sociedade de risco. Trad. de Estevão Bosco. In: **Ideias: revista do instituto de filosofia e ciências humanas – Unicamp**, v. 2 n.º 1, p. 229-253, 2010.

BITENCOURT, Cezar Roberto Bitencourt. **Tratado de direito penal**. V. 1, 17 ed. São Paulo: Saraiva, 2012.

BITENCOURT, Cezar Roberto; BUSATO, Paulo César. Comentários à Lei de Organização Criminosa: Lei n. 12.850/2013. São Paulo: Saraiva, 2014.

BRANDÃO, Nuno. **Branqueamento de capitais: o sistema comunitário de prevenção**. Coimbra: Coimbra Editora, 2002.

BRASIL. **Constituição da república federativa do Brasil de 1988**. Disponível em: <http://www.planalto.gov.br/ccivil_03/constituicao/constituicao.htm>. Acesso em: 28 de janeiro de 2014.

BRASIL. **Decreto-Lei n.º 2.848, de 7 de dezembro de 1940**. Disponível em: <http://www.planalto.gov.br/ccivil_03/decreto-lei/del2848compilado.htm>. Acesso em: 28 de janeiro de 2014.

BRASIL. Exposição de motivos n.º 692/MJ de 18 de dezembro de 1996. In: **Diário da Câmara dos Deputados**, Ano LII, n.º 022, Brasília, 6 de fevereiro de 1997. Disponível em: <http://imagem.camara.gov.br/Imagem/d/pdf/DCD06FEV1997.pdf#page=97>. Acesso em: 28 de janeiro de 2014.

BRASIL. **Lei Federal n.º 12.683, de 9 de julho de 2012**. Disponível em: < http://www.planalto.gov.br/ccivil_03/_Ato2011-2014/2012/Lei/L12683.htm>. Acesso em: 28 de janeiro de 2014.

BRASIL. **Lei Federal n.º 9.613, de 12 de fevereiro de 1998**. Disponível em: <http://www.planalto.gov.br/ccivil_03/leis/l9613.htm >. Acesso em: 28 de janeiro de 2014.

BRASIL. Superior Tribunal de Justiça. **Habeas Corpus n.º 101.808 – MT**. Relator: Ministro Napoleão Nunes Maia Filho. Julgamento em: 24 de junho de 2008. Publicado no DJe em: 4 de agosto de 2008. Disponível em: <http://stj.jusbrasil.com.br/jurisprudencia/790688/habeas-corpus-hc-101808-mt-2008-0053593-0>. Acesso em: 28 de janeiro de 2014.

BRASIL. Supremo Tribunal Federal. **Inquérito n.º 2.248 – DF**. Relator: Ministro Carlos Ayres Britto. Julgamento em: 25 de maio de 2006. Publicado no DJ em: 20 de outubro de 2006. Disponível em: <http://stf.jusbrasil.com.br/jurisprudencia/14732282/questao-de-ordem-no-inquerito-inq-2248-df>. Acesso em: 28 de janeiro de 2014.

CAEIRO, Pedro. A decisão-quadro do conselho, de 26 de junho de 2001, e a relação entre a punição do branqueamento e o facto precedente: necessidade de uma reforma legislativa. In: **Separata de Liber Discipulorum para Jorge de Figueiredo Dias**. Coimbra: Coimbra Editora, 2003.

CERVINI, Raúl. Derecho penal económico democrático: hacia una perspectiva integrada. In. VILARDI, Celso *et alli* (Coord.). **Direito penal econômico: análise contemporânea**. São Paulo: Editora Saraiva, p. 3-60, 2009.

COSTA, José de Faria. **Direito penal e globalização: reflexões não locais e pouco globais**. Coimbra: Coimbra Editora, 2010.

COSTA, José de Faria. O branqueamento de capitais (algumas reflexões à luz do direito penal e da política criminal). In: **Separata do Boletim da Faculdade de Direito**, Vol. LXVIII. Coimbra: Universidade de Coimbra, 1992.

DAVIN, João. **A criminalidade organizada transnacional: a cooperação judiciária e policial na UE**. 2 ed. Coimbra: Almedina, 2007.

DIAS, Jorge de Figueiredo. **Direito penal: questões fundamentais; a doutrina geral do crime**. Tomo I. 2 ed. Coimbra: Coimbra Editora, 2012.

DIAS, Jorge de Figueiredo. O direito penal económico entre o passado, o presente e o futuro. In: **Revista Portuguesa de Ciência Criminal**, Ano 22, n.º 3, jul-set, 2012. Coimbra: Coimbra Editora.

DIAS, Jorge de Figueiredo; ANDRADE, Manuel da Costa Andrade. **Criminologia: o homem delinquente e a sociedade criminógena**. Coimbra: Coimbra Editora, 2013.

DUARTE, Jorge Manuel Vaz Monteiro Dias. **Branqueamento de capitais: o regime do DL 15/93, de 22 de janeiro, e a normativa internacional**. Porto: Publicações Universidade Católica, 2002.

ESTELLITA, Heloisa. Criminalidade de empresa e o crime de quadrilha ou bando. In: VILARDI, Celso Sanchez. **Direito Penal Econômico: análise contemporânea**. São Paulo: Saraiva, 2009.

GODINHO, Jorge Alexandre Fernandes. Para uma reforma do tipo de crime de "branqueamento" de capitais. In: **Direito Penal, Fundamentos Dogmáticos e Político Criminais, Homenagem ao Prof. Peter Hünerfeld**. Coimbra: Coimbra Editora, 2013.

GONÇALVES, Manuel. As especificidades do crime econômico. In: **Revista Portuguesa de Ciência Criminal**, Ano 22, n.º 3, jul-set, 2012. Coimbra: Coimbra Editora.

GONÇALVES, Rui Miguel Marques. **Fraude fiscal e branqueamento de capitais**. Porto: Almeida & Leitão, 2007.

HUNTINGTON, Samuel P. **The Clash of Civilizations and the Remaking of World Order**. Nova Iorque: Simon & Schuster, 1996.

LILLEY, Peter. **Lavagem de dinheiro: negócio ilícitos transformados em atividades legais**. São Paulo: Futura, 2001.

LIMA, Alberto Jorge Correia de Barros. **Direito penal constitucional: a imposição dos princípios constitucionais penais**. São Paulo: Saraiva, 2012.

LUHMANN, Niklas. Globalización o sociedad mundial: como concebir la sociedad moderna? Trad. de José Javier Blanco Rivero. In: **International review of sociology**. V. 7, Issue 7, 1997.

MEDEIROS, Juliana Viera Saraiva. O bem jurídico no delito de lavagem de dinheiro. In: **Anais do XIV congresso nacional do conpedi**. Florianópolis: Fundação Boiteux, 2005.

PORTUGAL. **Constituição da república portuguesa**. Coimbra: Almedina, 2013.

PORTUGAL. Tribunal de Relação do Porto. **Recurso n.º 1082/05.4TAGDM.P1**. Relator: Juiz R. Costa e Silva. Julgamento em: 2 de fevereiro de 2002.

POSNER, Richard A. **Economic analysis of law**. Nova Iorque: Aspen Publishers, 2011.

PUCEIRO, Zuleta. O processo de globalização e a reforma do estado. In: FARIA, José Eduardo. **Direito e globalização econômica: implicações e perspectivas**. São Paulo: Editora Malheiros, 2010.

RIOS, Rodrigo Sanchez. A política criminal destinada à prevenção e repressão da lavagem de dinheiro: o papel do advogado e suas repercussões. In: VILARDI, Celso Sanchez. **Direito Penal Econômico: análise contemporânea**. São Paulo: Saraiva, 2009.

RODRIGUES, Fillipe Azevedo. **Análise econômica da expansão do direito penal**. Dissertação (Mestrado em Direito). Centro de Ciências Sociais Aplicadas, Universidade Federal do Rio Grande do Norte, Natal, 2013.

RODRIGUES, Fillipe Azevedo; SILVA, Kathy Aline de Medeiros. Crimes financeiros e a criminalidade organizada transnacional: considerações sobre a expansão internacional do direito penal. In: MENEZES, Wagner *et alli*.**Direito internacional**. Florianópolis: FUNJAB, 2013, p. 397-419.

ROXIN, Claus. O conceito de bem jurídico como padrão crítico da norma penal posto à prova. Trad. de Jorge de Figueiredo Dias. In: **Revista Portuguesa de Ciência Criminal**, Ano 23. Coimbra: Coimbra Editora, 2013.

SÁNCHEZ, Jesús-María Silva. **A expansão do direito penal: aspectos de política criminal nas sociedades pós-industriais**. 2 ed. Trad. Luiz Otavio de Oliveira Rocha. São Paulo: Editora Revista dos Tribunais, 2011.

SCHMIDT, Andrei Zenkner. A delimitação do direito penal econômico a partir do objeto do ilícito. In: VILARDI, Celso Sanchez. **Direito penal econômico: crimes financeiros e correlatos**. São Paulo: Saraiva, 2011.

SILVA, Ana Lúcia Silva; *et alli*. Principais conceitos econômicos. In: LIMA, Maria Lúcia L. M. Padua (coord.). **Direito e economia: 30 anos de Brasil**. Tomo 1. São Paulo: Saraiva, 2012.

STRATENWERTH, Günter. A luta contra o branqueamento de capitais por meio do direito penal: o exemplo da suíça. In: **Lusíada**, n.º 3, Direito. Lisboa: Universidade Lusíada, 2005.

UNODC. **Estimating Illicit Financial Flows result from Drug Trafficking and other Transnational Organized Crime**. Disponível em: <http://www.unodc.org/documents/data-and-analysis/Studies/Illicit_financial_flows_2011_web.pdf>. Acesso em: 28 de janeiro de 2014.

VILARDI, Celso Sanchez. A prejudicialidade no processo penal relativo ao crime de lavagem de dinheiro. In: VILARDI, Celso Sanchez. **Direito Penal Econômico: crimes econômicos e processo penal**. São Paulo: Saraiva, 2008.

2
CRIMINALIDADE ORGANIZADA NO BRASIL E EM PORTUGAL: QUESTÕES PENAIS E PROCESSUAIS PENAIS

2.1 INTRODUÇÃO

A busca por um conceito científico de *criminalidade organizada* ainda intriga muito os criminólogos e juristas atualmente. Até porque, relevante parcela da doutrina, entende não haver como propor um significado preciso para o termo, ao considerá-lo inexistente como categoria criminógena autônoma.

Tratar-se-ia, então, de mais uma forma mutável e circunstancial de manifestação do fenômeno social criminoso comum, relacionado com as mazelas sociais, os bolsões de pobreza e a existência de grande parcela da sociedade contemporânea sem acesso a condições de vida dignas.

Para além disso, nos ambientes mais desenvolvidos, a proliferação do crime nesses termos se deveria à globalização econômica e à interação dos povos, sobretudo com o avanço das tecnologias de informação e da queda das fronteiras comerciais e financeiras, o que promoveu a sofisticação tanto da criminalidade quanto das relações sociais triviais.

O fato inconteste, entretanto, é a desarrazoada expansão das medidas de repressão à criminalidade organizada, em que pese não se saber ao certo o objeto de tamanha reprimenda estatal. Avanço do *jus puniendi* que não poderia levar a outro cenário senão ao de uma massiva relativização de direitos e garantias fundamentais sob o argumento de preservação da integridade do Estado e da segurança geral.

A política criminal do *inimigo* – crime organizado – dissemina-se, cada vez mais, no Direito Penal e no Processo Penal, sendo que, neste, encontram-se os novos métodos ocultos de investigação, verdadeira carta branca ao Estado para invadir as esferas de intimidade e da vida privada dos cidadãos.

Fixada a problemática, desenvolver-se-á o método dedutivo-analítico, por meio de pesquisa doutrinária e na legislação pertinente. Quanto aos objetivos, propõe-se analisar as variadas tentativas de delimitar um conceito de *criminalidade organizada*, com ênfase para os ordenamentos jurídicos português e brasileiro; discutir as falhas e excessos da legislação luso-brasileira voltada para o combate ao crime organizado; e, por fim, suscitar a necessidade de se impor limites aos novos métodos ocultos de investigação, típicos ao Direito Penal do Inimigo e de elevado risco para os direitos e garantias fundamentais, fundamentos de um Estado Democrático de Direito.

Assim, a pesquisa parte da contextualização do tema com destaque para a referência a tentativas de definição do fenômeno criminalidade organizada, relevante no âmbito jurídico e criminológico. A seguir, aponta algumas questões importantes sobre a dificuldade de se chegar a um conceito de crime organizado e de como há um avanço de pesquisas e de normas jurídicas versadas sobre o tema sem que haja ainda pleno conhecimento do que se estar a tratar.

Em seguida, o trabalho passa a abordar a legislação brasileira e sua evolução histórica no combate às organizações criminosas, demonstrando as fragilidades desse sistema normativo até os dias de hoje. Faz o mesmo estudo quanto ao ordenamento jurídico português, identificando problemas distintos do caso brasileiro, porém igualmente graves ao se considerar o avanço na relativização de direitos e garantias fundamentais em virtude do combate à criminalidade organizada.

Ao final, sob o enfoque doutrinário e jurisprudencial pertinente, propõe-se a necessidade de rever a aplicação dos meios ocultos de obtenção de prova, tanto no Brasil quanto em Portugal, a fim de utilizá-los na repressão da criminalidade realmente mais estruturada, não contaminando às demais áreas do Direito Penal e do Processo Penal, típicos de um regime penal simbólico e dirigido à figura do inimigo.

2.2 EM BUSCA DE UM CONCEITO DE CRIMINALIDADE ORGANIZADA

As discussões jurídico-criminológicas quanto ao significado de *criminalidade organizada* tiveram lugar no contexto globalizado das sociedades pós-industriais,[1] sobretudo nos Estados Unidos da América da primeira

---

[1]   Importante mencionar, sobre o assunto, o que afirma Jesús-María Silva Sánchez (2011, p. 103): "os fenômenos econômicos da globalização e da integração econômica dão lugar à conformação de modalidades novas de delitos clássicos, assim como a aparição de novas formas delitivas. (...) Gera a aparição de uma nova concepção de *objeto do delito*, centrada em elementos tradicionalmente

CRIMINALIDADE ORGANIZADA NO BRASIL E EM PORTUGAL: QUESTÕES PENAIS E PROCESSUAIS PENAIS

metade do Século XX, sob a denominação de *organized crime*, bem como na doutrina italiana do *crimine organizzato*.[2]

Tais estudos retrocederam na história do delito[3] para investigar uma série de grupos criminosos e entidades de caráter ilícito cujas peculiaridades fossem condizentes com a pretensa nova classificação criminógena. Nesse sentido, João Davim (2007, p. 8-9) expõe que "é pacífico afirmar-se que a criminalidade organizada não é um fenómeno novo já que as suas origens se perdem no tempo", entretanto faz ressalva quanto a seu desenvolvimento e estudo, ocorridos ao longo do século passado, em meio ao processo de globalização econômico-cultural.

Assim, segundo Eduardo Araújo da Silva (2003, p. 19-20), as primeiras organizações a que se reputou a pretensa definição de criminalidade organizada foram as *Máfias* italianas, a *Yakuza* japonesa e as Tríades chinesas, todas originadas a partir do século XVII, como movimentos de "proteção contra arbitrariedades praticadas pelos poderosos e pelo Estado, em relação a pessoas que geralmente residiam em localidades rurais, menos desenvolvidas e desamparadas de assistência dos serviços públicos". Outra característica comum a elas é a simbiose entre as atividades ilícitas e a conivência de autoridades públicas corruptas dessas regiões.

Entre elas, a mais antiga manifestação identificada pela criminologia foram as chamadas Tríades chinesas, que consistiram em um movimento popular contrário às investidas do império Ming, por volta de 1644. Após o início da colonização britânica de territórios chineses, a exemplo de Honk Kong, já em 1842, a vocação para a administração da produção e distribuição do ópio assumiu a agenda das organizações, mediante o controle da mão-de-obra campesina e das terras produtoras de papoula. Com a posterior proibição do comércio do ópio, as Tríades chinesas passaram a monopolizar o mercado ilícito da heroína e viveram seu apogeu (SILVA, 2003, p. 20).

---

alheios à ideia de delinqüência como fenômeno marginal; em particular, os elementos de organização, transnacionalidade e poder econômico. Criminalidade organizada, criminalidade internacional e criminalidade dos poderosos são, provavelmente, as expressões que melhor definem os traços gerais da delinqüência da globalização".

[2] "Existem dois discursos sobre *crime organizado* estruturados nos pólos americano e europeu do sistema capitalista globalizado: o discurso americano sobre *organized crime*, definido como *conspiração nacional* de etnias estrangeiras, e o discurso italiano sobre *crimine orgaanizzato*, que tem por objeto de estudo orignial a *Mafia* siciliana". (SANTOS, 2003, p. 215).

[3] A respeito da história do delito e do Direito Penal, veja-se a posição de José de Faria Costa (2010, p. 10): "o direito penal é não só parte inafastável da história da humanidades como, ele próprio, tem a sua história. Há, por conseguinte, uma diacronia da história, enquanto fenômeno e total que tudo abarca – sem que para isso se precise de cair no historicismo – e há, outrossim, uma diacronia específica ou particular que pertence inteiramente ao direito penal".

A *Yakuza*, surgida na ainda sociedade feudal japonesa do século XVIII, desde sua origem explorou mercados lícitos e ilícitos com a finalidade de legitimar suas atividades e o capital auferido. Os campos de atuação evoluíram juntamente com o mundo globalizado, de modo que, ao longo do século XX, seus integrantes também passaram a dedicar-se à prática das chamadas "'chantagens corporativas', pela atuação dos *sokaiya* (chantagistas profissionais) que, após adquirirem ações de empresas, exigem lucros exorbitantes, sob pena de revelarem os segredos aos concorrentes" (SILVA, 2003, p. 20).

Ainda conforme Eduardo Araujo da Silva (2003, p. 20-21), a conhecida Máfia italiana teve sua gênese como movimento contrário às medidas de redução de privilégios dos senhores feudais, que atingiu a secular cultura agrária siciliana, promovidas pelo Rei de Nápoles, em 1812. Esses grandes proprietários de terra contrataram *uomini d'onore* para proteger a região das investidas de camponeses, que, por sua vez, reuniram-se em associações secretas chamadas de *mafia*. Com o transcorrer do tempo, passaram a empreender atividades lícitas destinadas a mascarar suas principais fontes de renda, obtidas ilicitamente mediante contrabando, extorsões, e, a partir do século XX, através do tráfico de drogas e do branqueamento de capitais, valendo-se dos espaços conquistados no sistema financeiro internacional.

Para Juarez Cirino dos Santos (2003, p. 218), as organizações mafiosas seriam um poder informal constituído "para proteger a realização de objetivos de lucro, geralmente mediante intermediação parasitária das relações entre capital e trabalho (sindicatos), entre produção e consumo (distribuidores) ou entre Estado e cidadão (corrupção em licitações)".

O grande ponto em comum dessas organizações precursoras com as que emergiram já no mundo contemporâneo é a exploração de mercados proibidos, promovida muitas vezes pelo próprio Direito Penal. O exemplo mais comum foi a edição do *Volstead Act*, de 1920, nos Estado Unidos da América, mais conhecido como a *lei seca*, que deu causa a uma série de negócios ilícitos e à violência reflexa típica da exploração de atividades desse jaez.

Atualmente, o grande problema dito da *criminalidade organizada* reside na relação perversa entre desigualdade social, assimetrias do desenvolvimento nas relações entre países (Norte/Sul) imigração e mercados ilícitos (DAVIN, p. 10-11).[4] Esse contexto mais abrangente deve-se à transnacionalização das

---

[4] Conforme conclui Häns-Jorg Albrecht (2010, p. 279), o fenômeno do crime organizado surge em meio ao processo de consolidação do Estado contemporâneo, pós-industrial e eminentemente urbano. É extensão cultural das questões de desigualdade econômica e social das sociedades atuais. (*"Organisierte Kriminalität verweist auf Prozess, insbesondere auf die ausbildung von zentraler*

atividades econômicas e, por decorrência lógica, do crime. Os segmentos sociais com maior dificuldade de ascender a melhores condições são mais facilmente atraídos para desenvolver atividades ilícitas, em que pese os riscos imanentes, bem como os países menos desenvolvidos costumam servir de rota ou de base produtora dos grandes mercados globais de tráfico de drogas, pessoas, órgãos, armas etc, absorvendo considerável parcela da violência intrínseca à exploração dessas atividades.[5]

A realidade demonstra que tais mercados se mostraram muito promissores, às vezes até mais promissores que o comércio lícito, e, a propósito, um acompanha o crescimento do outro, pois o capital gerado não escolhe destino, mas sim transita entre ambos os segmentos. Afinal não se procura subverter ou pôr em risco o sistema capitalista, mas inserir-se nele e assim assegurar a fruição dos rendimentos do empreendimento criminoso.[6]

Corroborando esse entendimento, sustenta João Davim (2007, p. 12), no âmbito da União Europeia, que "as reconhecidas vantagens do mercado único europeu em termos de liberdade de circulação de pessoas, bens e serviços também encerra o perigo (real) de permitir uma maior expansão da criminalidade organizada de cariz transnacional". Acrescenta o autor que tais entidades utilizam "as lacunas e disparidades existentes entre os mais diversos ordenamentos jurídicos para melhor se movimentar, expandir as suas actividades e, consequentemente, alargar a sua esfera de influência".

    Herrschaft, des Gewaltmonopols und damit des modernen Staates, schlieblich auf die Verstädterung und Industrialisierung. Organisierte Kriminalität ist insoweit zunächst ein Teilsachverhalt der kulturellen, wirtschaftlichen und sozialen Differenzierung moderner Gesellschaften").

[5] Há quem entenda a construção do estereótipo *criminalidade organizada* como resultado de uma política de segregação de etnias estrangeiras, especialmente a população latina que migrou para os Estados Unidos da América ao longo dos séculos XIX e XX. Senão, veja-se: "o discurso americano do *organized crime*, originário das instituições de controle social, nasce com o objetivo de estigmatizar grupos sociais étnicos (especialmente italianos), sob o argumento de que o comportamento criminoso não seria uma característica da comunidade americana, mas de um *submundo* constituído por estrangeiros, aqueles maus cidadãos que ameaçavam destruir a comunidade dos bons cidadãos. Esse conceito xenófobo revelou sua utilidade: teorias criminológicas fundadas na noção de *subcultura* e de *desorganização social* definiram o crime organizado como *conspiração* contra o povo e o Governo americanos, promovida por organizações secretas nacionais, centralizadas e hierarquizadas de grupos étnicos estrangeiros". (SANTOS, 2003, p. 216).

[6] *"Nor is surprising that criminal organizations should try to enter legitimate business; such business provide attractive investment opportunities for people with money to invest and with entrepreneurial skills. Should such entry be encouraged or discouraged? On the one hand, a method of reducing the incidence of organized crime is to increase the expected return of alternative, legitimate activities. On the other hand, to the extent that profits earned in organized crime can be safely invested in legitimate activities to yield additional profits, then expected return to organized crime is higher than it would otherwise be".* (POSNER, 2010, p. 305).

Alguns dos principais ramos da dita *criminalidade organizada* – agora transnacionalizada – e seus correspondentes impactos econômicos são, na sistematização de João Davim (2007, p. 14-50), os seguintes:

(i) *tráfico de estupefacientes* (heroína/ópio, cocaína, anfetaminas e canabis): 200 milhões de consumidores de drogas estimados no mundo, o que importa 5% da população entre 15 e 64 anos de idade, e, a título de rendimentos, só o mercado de *ecstasy* no Reino Unido movimenta 10 milhões de libras por semana; e

(ii) *tráfico de pessoas*: até 4 milhões de pessoas são vítimas de tráfico por ano, para fins de trabalho em regime de semi-escravidão, de exploração sexual etc., e movimenta, segundo o governo norte-americano, cerca de 9,5 bilhões de dólares anualmente, envolvendo 127 países de origem e 137 países de destino, onde serão exploradas.

Não obstante, como já foi dito, a história da formação e do desenvolvimento de tais organizações, originadas em contextos bem distintos e, consequentemente, por razões econômico-sociais diferentes, ainda que guardem alguns pontos de interseção, só passou a ser objeto de pesquisa em função da recente busca pelo conceito geral de *criminalidade organizada*, inicialmente empreendida pela criminologia norte-americana.

Isso porque o termo foi cunhado sem um conteúdo semântico determinado. Com o auxílio da semiótica, tratam-se de significantes sem um significado definido,[7] logo é um termo vazio, em branco (BAQUIÃO, 2011, p. 53), onde cabe qualquer tipo de ilação teórica com a intenção de expandir ou retrair o significado.

Ao se tratar dos tipos penais clássicos, é de fácil compreensão o significado de homicídio, roubo etc., até mesmo para leigos. Todavia, ao se mencionar *criminalidade organizada*, a dúvida e a imprecisão do que se refere são evidentes, afinal, "para os outros crimes, quando se pronuncia o significante, vem logo à mente do interlocutor o significado. Quando se fala, no entanto, em 'crime organizado', o mesmo não ocorre" (HIRECHE, 2005,

---

[7] Para fins elucidativos, confira a lição de Rubens César Baquião (2011, p. 53): "A língua é um sistema de signos, e todo signo se estrutura pela união entre um significante (imagem acústica) e um significado (conceito). Assim, entendemos que o significado (conceito) da palavra cavalo está ligado a diversos significantes (imagens acústicas). As palavras cavalo, cheval ou horse (português, francês e inglês) são formas gráficas com diferentes imagens acústicas (significantes) que remetem a um mesmo conceito (significado). Dessa forma, existem diferentes significantes que remetem a um significado semelhante. Percebe-se que a teoria saussuriana de signo linguístico se aplica a todas as línguas conhecidas, pois compreendemos que toda língua é estruturada por meio da relação entre um significante e um significado".

p. 60). Não há sequer na mente dos defensores da *juridicização* da *criminalidade organizada* uma ideia minimamente precisa do que se busca reprimir.

Situação essa completamente inconcebível no Direito Penal e no Direito Processual Penal, dispostos sob a égide do *princípio da legalidade* e de seu corolário, *taxatividade*. Em outras palavras, o *princípio da legalidade* corresponde ao *princípio da taxatividade*, o texto da norma penal não pode deixar dúvida quanto a seus elementos típicos, proibindo-se tipificações abertas ou a utilização de conceitos vagos, indeterminados ou ambíguos (LIMA, 2012, p. 94-96).

A respeito da fragilidade semântica de *criminalidade organizada*,[8] Hans-Jörg Albrecht (2010, p. 259) entende que o termo é marcado por "mitos, estimativas e especulações". Não obstante, o suposto conceito mobilizou toda política criminal nas searas nacionais, europeia e internacional, especialmente direcionadas para dois fatores contemporâneos: (i) "por um lado, os mercados ilegais de droga na Europa expandiram-se fortemente desde a década de 1970"; (ii) "por outro lado, tem-se o fim da Cortina de Ferro no final da década de 1980, o aumento da migração trans-fronteiriça e a omissão na inspeção das fronteiras".

Entretanto, há um sem número de fenômenos relacionados e não relacionados necessariamente aos quais se atribui a rubrica de crime organizado, o que evidencia uma categorização *frustrada* (ZAFFARONI, 1996, p. 54). Conforme esclarece Eugenio Raúl Zaffaroni (1996, p. 45), "é necessário assinalar que não é o mesmo explicar a pretensão de destacar certos fenômenos com o nome de crime organizado – isto é, a explicação da categorização – e a explicação dos fenômenos que se aspira categorizar".

No mesmo sentido, Juarez Cirino dos Santos (2003, p. 215), à procura de uma definição de *criminalidade organizada*, diz haver uma total inversão no método de investigação científica, isto é: "o processo de conhecimento, em vez de avançar da percepção do problema para sua definição, retrocede da definição do problema para sua percepção". Ainda segundo o autor, mesmo que se procedesse à busca científica de um conceito, restaria frustrada conforme explicita no trecho abaixo, ainda em alusão ao antigo *nomen iuris* do art. 288 do Código Penal brasileiro:

---

[8] Nesse sentido, veja-se a posição de Ganil Föppel El Hireche (2005, p. 58): "Ora, é tal a incerteza, tal a imprecisão (demonstrada como decorrência da sua verdadeira inexistência) que nem mesmo os que defendem (e com veemência) a necessidade de se combater as organizações criminosas conseguem defini-la. (...). Há, ainda, por outro lado, aqueles que sustentam ser desnecessária a conceituação, entendimento que jamais poderia prosperar, sob pena de se macular, de forma definitiva, o princípio da legalidade".

Finalmente, do ponto de vista jurídico-penal prático, o conceito de crime organizado seria desnecessário, porque não designaria nada que já não estivesse contido no conceito de *bando* ou *quadrilha*, um tipo de crime contra a paz pública previsto em qualquer código penal. Na verdade, os fenômenos atribuídos ao crime organizado seriam explicáveis pela própria dinâmica do *mercado*, por meio da constante criação de novas áreas de produção, circulação e consumo ainda não disciplinadas pela lei (por exemplo, os jogos eletrônicos, o mercado da droga etc.), ocupadas imediatamente por múltiplas empresas do mercado, cujo espectro de atividades seria constituído por ações legais e ações ilegais que no limite, são insuscetíveis de separação entre si.

É dizer: para relevante parcela da doutrina atenta às nuances da *criminalidade organizada, macrocriminalidade*[9] ou, de acordo com Jorge de Figueiredo Dias e Manuel da Costa Andrade (2013, p. 435-441), *neocriminalidade*, a expansão penal destinada a satisfazer os clamores de proteção e justiça social tendem a um Direito orientado ao mero simbologismo, vazio de conteúdo normativo e, por isso, sem legitimidade para restringir direitos e liberdades dos cidadãos.

Até mesmo entre os defensores de uma tipificação de organização criminosa, não existe um conceito minimamente uniforme com o qual esse segmento da doutrina se proponha a trabalhar. Um exemplo disso é a explicação adotada por Marcelo Batlouni Mendroni (2014, p. 1) ao reconhecer que não é possível definir o que seja *organização criminosa*, pois, segundo ele, "existem, mundo afora, definições diversas, com pontos semelhantes, mas de conteúdo geral distinto. São, na verdade, conceitos que se aplicam às definições de 'organização criminosa'".

Segundo Jorge de Figueiredo Dias e Manuel da Costa Andrade (2013, p. 441), cumpre alertar que – "perante fenômenos sociais ainda mal conhecidos na sua estrutura e nas suas conseqüências – se deverá evitar uma intervenção prematura da tutela penal, em detrimento de um paulatino desenvolvimento de estratégias não criminais de controlo social".

Em suma, não há um conceito científico, seja no campo da *criminologia* seja no campo jurídico, que delimite o significado de *criminalidade*

---

[9] Confira-se a precisa abordagem de Ivan Lira de Carvalho sobre macrocriminalidade: "nos dias atuais, o que os segmentos especializados da imprensa chamam de macrodelinqüência ou de macrocriminalidade, expressões que se traduzem na prática de ilícitos penais, quase sempre de conteúdo patrimonial, cometidos na esteira do processo de globalização experimentado pela economia mundial, em particular a dos países sul-americanos componentes do Mercosul. São crimes timbrados pela sofisticação, perpetrados por especialistas detentores de amplo domínio tecnológico, e que, não raro, provocam danos de vasta extensão social". (CARVALHO, 1996, p. 126).

CRIMINALIDADE ORGANIZADA NO BRASIL E EM PORTUGAL: QUESTÕES PENAIS E PROCESSUAIS PENAIS | 41

organizada e, da forma como se encaminha a política criminal contemporânea, pouco está sendo feito para suprir essa falha sistêmica no Direito, uma vez que o termo (significante) é cada vez mais reproduzido nos textos legais hodiernos (*dever-ser*) sem um alvo preciso na realidade (*ser*).[10] Tudo isso a despeito dos limites democráticos do *direito penal do bem jurídico*[11] e da *intervenção mínima*, afinal, se não se sabe ao certo o que se quer incriminar, muito menos se poderá identificar qual é o bem jurídico protegido conforme o regime constitucional vigente.[12]

2.3 EVOLUÇÃO DO DIREITO POSITIVO BRASILEIRO NA REPRESSÃO AO CRIME ORGANIZADO

2.3.1 Redação Original do Código Penal (Decreto-Lei n.º 2.848/1940): o delito de quadrilha ou bando como a primeira medida de repressão

O Código Penal brasileiro, instituído pelo Decreto-Lei n.º 2.848, de 7 de dezembro de 1940, trouxe, em sua redação original, a tipificação vigente por quase setenta e três anos do crime de *quadrilha ou bando*, disposto no art. 288[13] como uma das primeiras manifestações da repressão a grupos criminosos no Brasil.[14]

---

[10]   A maior evidência disso é, na realidade judicial brasileira, a tendência de imputar o tipo de *associação criminosa* (antigo tipo de *quadrilha ou bando*) a qualquer concurso ou comparticipação de pessoas que tenham praticado delitos diversos ou que estivessem na intenção de praticá-los. Conforme Celso Delmanto *et alii* (2007, p. 717), "tem-se verificado na praxe forense indisfarçável abuso por parte da Polícia Judiciária e do Ministério Público, bem como do Poder Judiciário, que, mesmo diante da ausência de qualquer prova ou mesmo indício de estabilidade ou permanência, procedem ou permitem que se proceda contra o acusado pela prática do crime deste art. 288. Tal forma de proceder, na verdade, além de ilegal e injusta, agrava em muito a situação processual do acusado, bastando lembrar que este crime encontra-se incluído dentre aqueles que admitem a prisão temporária".

[11]   Nas palavras de Claus Roxin (2011, p. 4-5): diz-se a este propósito que a missão do direito penal consiste em assegurar aos cidadãos uma convivência livre e pacífica, garantindo todos os direitos jurídico-constitucionais estabelecidos. Se esta missão é denominada, de modo sintético, pela ideia de proteção de bens jurídicos, então estes bens corresponderão a todas as condições e finalidades necessárias ao livre desenvolvimento do indivíduo, à realização dos seus direitos fundamentais e ao funcionamento de um sistema estatal construído em torno dessa finalidade.

[12]   Maria João Antunes (2012, p. 101) adverte que a Constituição Portuguesa traz expressamente, em seu art. 18.º, n.º 2, o *"princípio jurídico-constitucional do 'direito penal do bem jurídico'*, enquanto parâmetro de controlo da constitucionalidade de normas incriminatórias a partir de critérios da dignidade penal do bem jurídico e da necessidade da intervenção penal".

[13]   "Art. 288 – Associarem-se mais de três pessoas, em quadrilha ou bando, para o fim de cometer crimes:
Pena – reclusão, de um a três anos.
Parágrafo único – A pena aplica-se em dobro, se a quadrilha ou bando é armado."

[14]   É importante destacar, entretanto, a criminalização análoga dos *ajuntamentos illicitos* nos arts. 285 a 294 do Código Criminal do Império, de 16 de dezembro de 1830, e no art. 119 do Código Penal

O tipo penal de *quadrilha ou bando* estava prescrito com a seguinte redação até 2013: "Associarem-se mais de três pessoas, em quadrilha ou bando, para o fim de cometer crimes". A pena cominada era a reclusão de um a três anos, sujeita a aumento, pelo dobro, caso o grupo criminoso fosse armado.

A intenção da incriminação sempre esteve atrelada à proteção do bem jurídico *paz pública*,[15] distinta, pois, do mero concurso de pessoas – ou comparticipação –, prescrito no art. 29 do Código Penal (BITENCOURT, 2012, p. 1318; DELMANTO, 2007, p. 716; NORONHA, 1986, p. 90). A distinção residia no fato de a punição destinar-se a atos preparatórios, consistindo em exceção à regra do art. 14, I e II, do Código, quanto a não punição da mera cogitação e dos atos preparatórios em geral que não importem em atos de execução do delito.

Tratava-se, pois, de crime autônomo plurissubjetivo ou de comparticipação necessária (DIAS, 1988, 65), que envolvesse mais de três pessoas imputáveis[16] – quatro ou mais – reunidas deliberadamente com a finalidade

---

da República Velha, instituído pelo Decreto n.º 847, de 11 de outubro de 1890. Segundo Celso Delmanto *et alii* (2007, p. 715), ao citar Nelson Hungria, apesar da semelhança com as tipificações do Império e da República Velha, não se deve confundir estes tipos com a *quadrilha ou bando* do Código Penal de 1940, "uma vez que não passavam de 'reunião acidental de sediciosos ou amotinados na praça pública sem nenhum caráter de estabilidade'". A posição deste trabalho se perfilha aos autores citados quanto à tipificação do Código Penal de 1890, entretanto há de se reconhecer não prosperar esse entendimento quanto ao crime de *ajuntamentos illicitos* no Código Criminal do Império, muito próximo do que esteve em vigor sob a rubrica de *quadrilha ou bando*, senão veja-se: "Julgar-se-ha committido este crime, reunindo-se tres, ou mais pessoas com a intenção de se ajudarem mutuamente para commetterem algum delicto, ou para privarem illegalmente a alguem do gozo, em exercicio de algum direito, ou dever".

[15] "A existência do bando ou quadrilha atenta contra a paz pública. É este o objeto jurídico que se tem em vista. Ilícita que é, tendo o fim de cometer crimes, a associação de delinqüentes perturba esse bem-interesse que é o sentimento de segurança que possui toda pessoa, fiada na obrigação que tem o Estado de garantir as condições indispensáveis para a vida em sociedade". (NORONHA, 1986, p. 89).

[16] Alinha-se à posição de Celso Delmanto *et alii* (2007, p. 716) contrária à configuração da *quadrilha ou bando* quando, para reunião do número mínimo de integrantes, estejam entre eles inimputáveis. *In verbis*: "a nosso ver, os inimputáveis não devem ser contados no número mínimo de quatro pessoas, pois, não sendo eles penalmente responsáveis, sua associação aos demais – que exigiria vontade livre e consciente, por tratar-se de crime doloso – não pode ter relevância para os fins do art. 288 do CP". Afinal, pensamento contrário importaria em um retrocesso ao contexto do Direito Penal e Processual Penal da *vingança pública*, na linha do que sustenta Maria João Antunes (2002, p. 50): "É a partir daquele momento [Século das Luzes] que avulta a preocupação em delimitar, de forma rigorosa, os sujeitos activos de um ramo do direito que conhece exclusivamente a pena como conseqüência jurídica dos comportamentos definidos como crime, podendo afirmar-se que este objectivo coincide com o culminar da progressiva subjectivação de um direito que começou por assentar numa relação objectiva e material de causa e efeito e por admitir até, consequentemente, a 'punição' dos animais, das coisas inanimadas e também, logicamente, dos loucos. Evolução que acompanha a da própria pena, uma reacção inicialmente de natureza privada, que progressivamente assume natureza pública, trilhando os caminhos da *vingança*, do princípio do *talião*, da *composição* e de uma responsabilização subjectiva. É este conceito, de resto, que se aprimora no sentido de a

CRIMINALIDADE ORGANIZADA NO BRASIL E EM PORTUGAL: QUESTÕES PENAIS E PROCESSUAIS PENAIS | 43

de praticar crimes de espécies e por tempo indeterminado, em grupo pretensamente habitual e permanente. Para a majoritária doutrina brasileira, consistia-se em crime formal e de perigo abstrato, cujos elementos subjetivos levavam ao *dolo específico*, ausente a modalidade culposa (BITENCOURT, 2012, p. 1318; DELMANTO, 2007, p. 717; NORONHA, 1986, p. 92).

Ainda conforme a doutrina brasileira (BITENCOURT, 2012, p. 1318; DELMANTO, 2007, p. 717; NORONHA, 1986, p. 93), a tentativa era inadmissível diante da natureza do tipo, consistente na incriminação de atos preparatórios.[17] De fato, não se vislumbrava possível segmentar em atos de execução a prática final do ato preparatório de associarem-se mais de três indivíduos, sem que, para isso, ocorresse a punição da mera e estrita cogitação.

Enfim, o crime de *quadrilha ou bando* era o principal meio de repressão penal vigente no ordenamento jurídico brasileiro até 2013, com a edição da Lei Federal n.º 12.850, de 2 de agosto de 2013, que, após o período de *vacatio legis*, instituiu um novo regime de combate ao crime organizado no país. Entretanto, antes disso, houve uma sucessão atrapalhada de atos normativos, por vezes, incongruentes e de nenhuma aplicabilidade, versados no combate a tal suposta nova espécie de criminalidade.[18]

Assim, cumpre analisar essa sucessão histórica da política criminal brasileira, ao pormenor, o que será feito adiante, tudo com fins a diagnosticar o sistema penal e processual penal que hoje está em vigor e sua conformidade com o Estado Democrático de Direito.

2.3.2 Lei Federal n.º 9.034/1995 (alterada pela Lei Federal n.º 10.217/2001): organizações criminosas e meios ocultos de obtenção de prova

A Lei Federal n.º 9.034, de 3 de maio de 1995, foi sancionada com o propósito de ser um marco no combate à *criminalidade organizada*, dispondo,

---

responsabildiade penal abranger apenas aqueles a quem é aplicada uma pena, o que arrasta consequentemente a exclusão dos inimputáveis".

[17] Sobre a questão, expõe Celso Delmanto *et alii* (2007, p. 717) que "não se admite [a tentativa], porque o núcleo 'associarem-se' não permite fracionamento: ou as pessoas se associaram efetivamente para a prática de crimes, e o crime está consumado; ou não o fizeram, não passando a conduta de mera intenção ou mesmo de atos preparatórios impuníveis". Edgard Magalhães Noronha (1986, p. 93), no mesmo sentido, conclui o seguinte: "não cremos possível o delito tentado. Este, como já dissemos, é em si um *ato preparatório*: associarem-se, reunirem-se etc., para praticar crimes. Difícil, assim, falar em atos de *execução*, seguidos da não-consumação. Observe-se que Manzini, ao admitir a tentativa, acentua que o Código italiano, no conceito dela, inclui o *ato preparatório*, o que não sucede com o nosso".

[18] Cite-se, aqui, a título de exceção, a Lei Federal n.º 6.368, de 21 de outubro de 1976 (antiga Lei de Tóxicos), cujo art. 14, previa a incriminação da associação para fins de prática de delitos tipificados na própria Lei, consoante será tratado mais adiante.

para tanto, de novos meios de obtenção de prova, tratados como "meios operacionais para a prevenção e repressão de ações praticadas por organizações criminosas", conforme a epígrafe da própria Lei.

Contudo, embora o Capítulo I do mencionado Diploma Legal estivesse intitulado como *"Da Definição de Ação Praticada por Organizações Criminosas* e dos Meios Operacionais de Investigação e Prova", não havia, na Lei, sequer uma tentativa de definição do que se entende por *organizações criminosas* ou *criminalidade organizada* (art. 1º).[19]

Assim, a alteração promovida no texto original pela Lei Federal n.º 10.217, de 11 de abril de 2001, veio com o propósito de sanar essa falha. Ocorre que o texto alterado se limitou a mencionar "quadrilha ou bando ou *organizações* ou *associações criminosas* de qualquer tipo", razão pela qual o problema quanto ao conceito ou à definição no ordenamento jurídico permaneceu, salvo para alguns doutrinadores que entendiam ser *"organizações* ou *associações criminosas* de qualquer tipo" sinônimos de *quadrilha ou bando*[20] – tipo penal do art. 288 do Código Penal então vigente, que já tinha lugar na redação original da Lei Federal n.º 9.034/1995.

Ora, se *"organizações* ou *associações criminosas* de qualquer tipo" eram expressões sinônimas de *quadrilha ou bando*, qual seria o propósito de o legislador inseri-las no art. 1º do mencionado Diploma, por ocasião das alterações introduzidas em 2001, tendo em vista que a redação original já previa *quadrilha ou bando* como grupo criminoso objeto da norma?

Por óbvio, seria muito mais razoável reconhecer mais um erro do legislador, consubstanciado em uma legislação processual penal eminentemente

---

[19] "Art. 1º Esta lei define e regula meios de prova e procedimentos investigatórios que versarem sobre crime resultante de ações de quadrilha ou bando."

[20] "Posteriormente foi editada a Lei n.º 10.217, de 11 de abril de 2001, que alterou a redação do art. 1º da Lei n.º 9.034/95, com a introdução da expressão 'organizações ou associações de qualquer tipo'. No entanto, essa lei não se mostrou suficiente para sanar o problema conceitual do crime organizado no direito brasileiro. (...). Não bastasse tal omissão, o legislador também não afastou antigas dúvidas que pairavam na disciplina legal do fenômeno, pois, ao manter na lei a expressão 'quadrilha ou bando', continua a induzir os operadores do direito à conclusão – em que pese à pacificada orientação doutrinária em contrário – de que as ações decorrentes desse tipo legal serão sempre praticadas por organizações criminosas, merecendo, portanto, o tratamento excepcional traçado pela Lei n.º 9.034/95, o que viola o princípio da proporcionalidade, que orienta a reserva do emprego de meios excepcionais de busca da prova a condutas criminosas consideradas graves. Ainda inovou o legislador brasileiro, pela edição da Lei n.º 10.217/01, ao diferenciar 'organizações' de 'associações' criminosas, talvez em razão dos termos do art. 14 da Lei n.º 6.368/76, que prevê o crime de associação para fins de praticar infrações previstas na Lei de Tóxico, o que, entretanto, é irrelevante juridicamente, pois além de não existir na doutrina internacional diferenciação entre tais vocábulos para fins jurídico penais, eles têm o mesmo significado no vernáculo nacional". (SILVA, 2003, p. 38-39).

CRIMINALIDADE ORGANIZADA NO BRASIL E EM PORTUGAL: QUESTÕES PENAIS E PROCESSUAIS PENAIS | **45**

simbólica[21] e de difícil aplicação, conforme os princípios constitucionais da *legalidade* e da *proporcionalidade* (SILVA, 2003, p. 38-39). Afinal, o *"Direito Penal Simbólico* ressente-se de legitimidade fragilizando o próprio sistema jurídico penal" (CAVALCANTI, 2005, p. 186).

De todo modo, a ausência da definição, no ordenamento jurídico brasileiro, do que se tratava o termo *organizações criminosas* não impediu de o legislador, por meio da Lei Federal n.º 9.034/1995 e da Lei Federal n.º 10.217/2001, dirigir a tais entidades indeterminadas uma série de meios processuais penais de repressão a ações praticadas por elas, especificamente:

(i) *ação controlada* (ou flagrante postergado): consistente em retardar a interdição policial do que se supõe ação praticada por organizações criminosas ou a ela vinculado, desde que mantida sob observação e acompanhamento para que a medida legal se concretize no momento mais eficaz do ponto de vista da formação de provas e fornecimento de informações (art. 2º, II);

(ii) *quebra dos sigilos fiscal, bancário e financeiro*: permite o acesso a dados, documentos e informações fiscais, bancárias, financeiras e eleitorais (art. 2º, III);

(iii) *interceptação das comunicações telefônicas* e *interceptação ambiental*: a captação e a interceptação ambiental de sinais eletromagnéticos, óticos ou acústicos, e o seu registro e análise, mediante circunstanciada autorização judicial (art. 2º, IV – introduzido pela Lei Federal n.º 10.217/2001);

(iv) *infiltração de agentes de polícia*: infiltração por agentes de polícia ou de inteligência, em tarefas de investigação, constituída pelos órgãos especializados pertinentes, mediante circunstanciada autorização judicial (art. 2º, V – introduzido pela Lei Federal n.º 10.217/2001);

(v) *organização da polícia judiciária*: estruturação dos órgãos de polícia judiciária em setores e equipes de policiais especializados no combate à ação praticada por organizações criminosas (art. 4º);

(vi) *identificação criminal incondicionada*: identificação criminal de pessoas envolvidas com a ação praticada por organizações criminosas realizada independentemente da identificação civil (art. 5º);

---

[21] A respeito das falsas conjecturas próprias do Direito Penal e Processual Penal Simbólicos, confira-se o que afirma Winfried Hassemer (1995, p. 30) acerca de uma denominada *ganância preventiva*: *"La ganancia preventiva que lleva consigo no se produce respecto de la protección de bienes jurídicos sino respecto de la imagen del legislador o del empresario moral. Lo que se consigue cuando el Derecho penal simbólico efectúa este engaño entre funciones latentes y manifiestas es que la pregunta crítica sobre la capacidad real del Derecho penal para proteger bienes jurídicos ni siquiera se plantee".*

(vii) *delação premiada*: redução da pena de um a dois terços para os crimes praticados em organização criminosa, quando a colaboração espontânea do agente levar ao esclarecimento de infrações penais e sua autoria (art. 6°);

(viii) *proibição da liberdade provisória*: não concessão da liberdade provisória, com ou sem fiança, aos agentes que tenham tido intensa e efetiva participação na organização criminosa (art. 7°); e

(ix) *regime inicial de cumprimento de pena mais gravoso*: início do cumprimento de pena em regime fechado para os condenados por crime decorrentes de organização criminosa (art. 10).

Com fins a sintetizar o cenário deixado pela Lei Federal n.° 9.034/1995, após suas alterações (Lei Federal n.° 10.217/2001), Luiz Flávio Gomes (2002, p. 2) expôs o que segue a respeito de *organizações criminosas*:

> Cuida-se, portanto, de um conceito vago, totalmente aberto, absolutamente poroso. Considerando-se que (diferentemente do que ocorria antes) o legislador não ofereceu nem sequer a descrição típica mínima do fenômeno, só nos resta concluir que, nesse ponto, a lei (9.034/95) passou a ser letra morta. Organização criminosa, portanto, hoje, no ordenamento jurídico brasileiro, é uma alma (uma enunciação abstrata) em busca de um corpo (de um conteúdo normativo, que atenda o princípio da legalidade). Se as leis do crime organizado no Brasil (Lei 9.034/95 e Lei 10.217/01), que existem para definir o que se entende por organização criminosa, não nos explicaram o que é isso, não cabe outra conclusão: desde 12.04.01 perderam eficácia todos os dispositivos legais fundados nesse conceito que ninguém sabe o que é. São eles: arts. 2°, inc. II (flagrante prorrogado), 4° (organização da polícia judiciária), 5° (identificação criminal), 6° (delação premiada), 7° (proibição de liberdade provisória) e 10° (progressão de regime) da Lei 9.034/95, que só se aplicam para as (por ora, indecifráveis) "organizações criminosas". É caso de perda de eficácia (por não sabermos o que se entende por organização criminosa), não de revogação (perda de vigência). No dia em que o legislador revelar o conteúdo desse conceito vago, tais dispositivos legais voltarão a ter eficácia. Por ora continuam vigentes, mas não podem ser aplicados.

2.3.3 Lei Federal n.° 9.613/1998 (alterada pela Lei Federal n.° 12.683/2012): organização criminosa como crime antecedente à lavagem de dinheiro?

A Lei Federal n.° 9.613, de 3 de março de 2008, destinada à prevenção e à tipificação penal da lavagem de dinheiro (branqueamento de capitais),

2
CRIMINALIDADE ORGANIZADA NO BRASIL E EM PORTUGAL: QUESTÕES PENAIS E PROCESSUAIS PENAIS | **47**

consignou, em sua redação original, como crime antecedente os cometidos por intermédio de *organização criminosa* para a configuração da ocultação de valores e bens ilícitos (art. 1º, VII), além de considerá-la como circunstância especial de aumento de pena (art. 1º, § 4º).[22] Entretanto, conforme se pode depreender do que já foi abordado, o ordenamento jurídico brasileiro ainda não conhecia, em 1998, o conceito de *organização criminosa*, muito menos se ela era um delito em si.

Não obstante, o Superior Tribunal de Justiça proferiu inúmeros julgados no período,[23] acerca da existência do crime de lavagem de dinheiro em face de outro delito antecedente praticado por *organização criminosa*, ignorando absolutamente a atipicidade do termo, tanto no âmbito da legislação penal como processual penal brasileira. O Tribunal costumava aplicar o disposto no art. 1º, VII e § 4º, da Lei de Lavagem de Dinheiro, quando também era imputado aos réus a formação de *quadrilha ou bando* (art. 288 do Código Penal), prestigiando, portanto, a doutrina que entendia serem sinônimas as expressões.

Com o advento da Lei Federal n.º 12.683, de 9 de julho de 2012, cujo objeto foi uma grande revisão da Lei Federal n.º 9.613/1998 a fim de – como de costume – agravar tipos, sanções penais e medidas processuais,[24] a menção à *organização criminosa* foi suprimida do rol de *crimes antecedentes*

---

[22] "Art. 1º Ocultar ou dissimular a natureza, origem, localização, disposição, movimentação ou propriedade de bens, direitos ou valores provenientes, direta ou indiretamente, de crime: (...)
VII – praticado por organização criminosa.
(...).
§ 4º A pena será aumentada de um a dois terços, nos casos previstos nos incisos I a VI do caput deste artigo, se o crime for cometido de forma habitual ou por intermédio de organização criminosa."

[23] Como exemplo, o STJ (BRASIL, 2006, p. 544) denegou o *Habeas Corpus* n.º 41.590/AC, sob a Relatoria do Ministro Paulo Gallotti, em caso no qual interpretou o termo *organização criminosa* do art. 1º, VII, da Lei de Lavagem de Dinheiro como *quadrilha ou bando*, tipo penal do art. 288 do Código Penal. *In verbis*: "HABEAS CORPUS. FRAUDE A VESTIBULAR POR MEIO DA CHAMADA "COLA ELETRÔNICA". PACIENTE DENUNCIADO POR VIOLAÇÃO DOS ARTS. 158, 171, 288 E 299, TODOS DO CÓDIGO PENAL; ARTS. 1º, I, E 2º, I, AMBOS DA LEI Nº 8.137/90; *ART. 1º, V E VII, DA LEI Nº 9.613/98*; (...). PEDIDOS DE TRANCAMENTO DA AÇÃO E DE REVOGAÇÃO DA CUSTÓDIA CAUTELAR. WRIT JULGADO PARCIALMENTE PREJUDICADO E DENEGADO. (...). 2 – Paciente condenado por estelionato e *formação de quadrilha* por ter liderado gigantesco esquema de fraude ao vestibular de medicina da Universidade Federal do Acre – UFAC, realizado em junho de 2002, em que fornecera a diversos candidatos, mediante pagamento de elevadas quantias em dinheiro, gabaritos das provas por meio de micro-transmissores, fraude conhecida como "cola eletrônica".

[24] Em outra oportunidade, adotou-se a mesma posição: "Com efeito, afora casos excepcionais, a legislação hodierna que se sobressai por todo mundo está situada na segunda geração, no entanto com sinais de migração cada vez maior para diplomas legais de terceira geração, o que se realizou, no Brasil, por força da Lei Federal 12.683/2012. Por este atual regime, deu-se nova redação à Lei Federal n.º 9.613/1998, transmutando-a para legislação de terceira geração, ao indiscriminar o crime precedente, independente do grau de ofensividade e da correlação com a delinquência organizada". (RODRIGUES, 2014, p. 18-19).

– até porque a Lei passou a não possuir mais esse rol, considerando, daí por diante, qualquer delito como antecedente – para persistir vigente como circunstância especial de aumento de pena, no art. 1°, § 4°, da nova Lei da Lavagem de Dinheiro.

2.3.4 Decreto Federal n.° 5.015/2004: promulgação da Convenção de Palermo no Brasil

O Decreto n.° 5.015, de 12 de março de 2004, do Presidente da República, promulgou a Convenção das Nações Unidas contra o Crime Organizado Transnacional (Convenção de Palermo), inserindo-a no ordenamento jurídico brasileiro. Com ela veio o primeiro conceito relacionado com a *criminalidade organizada*, qual seja:

> a) "Grupo criminoso organizado" – grupo estruturado de três ou mais pessoas, existente há algum tempo e atuando concertadamente com o propósito de cometer uma ou mais infrações graves ou enunciadas na presente Convenção, com a intenção de obter, direta ou indiretamente, um benefício econômico ou outro benefício material;
>
> b) "Infração grave" – ato que constitua infração punível com uma pena de privação de liberdade, cujo máximo não seja inferior a quatro anos ou com pena superior;
>
> c) "Grupo estruturado" – grupo formado de maneira não fortuita para a prática imediata de uma infração, ainda que os seus membros não tenham funções formalmente definidas, que não haja continuidade na sua composição e que não disponha de uma estrutura elaborada;

Entretanto, percebe-se que o *nomem iuris* adotado pelo Tratado de Palermo, *grupo criminoso organizado*, não encontrava correspondência na legislação vigente à época, tampouco se assemelhava à definição de *quadrilha ou bando*, pretenso sinônimo de *organização criminosa* para parte da doutrina e jurisprudência. Portanto, o respectivo conceito não poderia ser aproveitado na expressão *organização criminosa*, ao se considerar os estritos e inafastáveis princípios da *legalidade* e da *taxatividade* na esfera jurídico-criminal.

Para além disso, o conceito instituído pelo Decreto n.° 5.015/2004 não serviria para fins penais, por força do art. 5, XXXIX, da Constituição da República, ou seja, "não há crime sem lei anterior que o defina, nem pena sem prévia cominação legal". Assim, a veiculação da Convenção, no ordenamento, por ato infralegal não pôde ter o condão de tipo penal ou de agravamento de penas, sob pena de violar a Constituição, conforme reconheceu

CRIMINALIDADE ORGANIZADA NO BRASIL E EM PORTUGAL: QUESTÕES PENAIS E PROCESSUAIS PENAIS | **49**

o Supremo Tribunal Federal (STF) ao julgar, em 2012, o *Habeas Corpus* n.º 96.007/SP,[25] sob a relatoria do Ministro Marco Aurélio.

2.3.5 Lei Federal n.º 11.343/2006: a associação para o tráfico de drogas e as figuras do financiador e do colaborador como tipos autônomos

Em paralelo a toda discussão quanto ao conceito de *organização criminosa* e à sua relação com o tipo *quadrilha ou bando* do Código Penal, estava em vigor, desde 1976, a*associação* para o tráfico de drogas como crime autônomo, de acordo com o art. 14[26] da Lei Federal n.º 6.368/1976, e, após sua revogação, passou a estar prescrito semelhante tipo penal nos arts. 35 a 37[27] da Lei Federal n.º 11.343, de 23 de agosto de 2006.

As inovações trazidas pela nova Lei de Tóxicos, de 2006, complicaram ainda mais o incongruente e ineficaz sistema brasileiro de repressão à *criminalidade organizada*, a saber: (i) fixou em duas pessoas o número mínimo de integrantes da *associação* criminosa para fins de tráfico de entorpecentes (art. 35); (ii) a criação do tipo autônomo de *financiador* do tráfico de drogas (art. 36); e (iii) a criação da também figura autônoma de *colaborador* ou *informante* da *associação* para fins de tráfico de drogas (art. 37).

---

[25] "TIPO PENAL – NORMATIZAÇÃO. A existência de tipo penal pressupõe lei em sentido formal e material.
LAVAGEM DE DINHEIRO – LEI Nº 9.613/98 – CRIME ANTECEDENTE. A teor do disposto na Lei nº 9.613/98, há a necessidade de o valor em pecúnia envolvido na lavagem de dinheiro ter decorrido de uma das práticas delituosas nela referidas de modo exaustivo. LAVAGEM DE DINHEIRO – ORGANIZAÇÃO CRIMINOSA E QUADRILHA. O crime de quadrilha não se confunde com o de organização criminosa, até hoje sem definição na legislação pátria". (BRASIL, 2012).

[26] "Art. 14. Associarem-se 2 (duas) ou mais pessoas para o fim de praticar, reiteradamente ou não, qualquer dos crimes previstos nos Arts. 12 ou 13 desta Lei:
Pena– Reclusão, de 3 (três) a 10 (dez) anos, e pagamento de 50 (cinqüenta) a 360 (trezentos e sessenta) dias-multa."

[27] "Art. 35. Associarem-se duas ou mais pessoas para o fim de praticar, reiteradamente ou não, qualquer dos crimes previstos nos arts. 33, caput e § 1º, e 34 desta Lei:
Pena – reclusão, de 3 (três) a 10 (dez) anos, e pagamento de 700 (setecentos) a 1.200 (mil e duzentos) dias-multa.
Parágrafo único. Nas mesmas penas do caput deste artigo incorre quem se associa para a prática reiterada do crime definido no art. 36 desta Lei .
Art. 36. Financiar ou custear a prática de qualquer dos crimes previstos nos arts. 33, caput e § 1º, e 34 desta Lei:
Pena – reclusão, de 8 (oito) a 20 (vinte) anos, e pagamento de 1.500 (mil e quinhentos) a 4.000 (quatro mil) dias-multa.
Art. 37 . Colaborar, como informante, com grupo, organização ou associação destinados à prática de qualquer dos crimes previstos nos arts. 33, caput e § 1º, e 34 desta Lei:
Pena – reclusão, de 2 (dois) a 6 (seis) anos, e pagamento de 300 (trezentos) a 700 (setecentos) dias-multa."

O número mínimo de duas pessoas, para Jorge de Figueiredo Dias (1988, p. 35), na ocasião em que cita idêntico posicionamento adotado pela jurisprudência alemã, é desarrazoado. A exigência mínima de três pessoas se baseia na seguinte constatação do autor: "na ligação de duas pessoas nada há, face a cada uma delas, que não possa identificar-se com a pessoa do outro: o que servirá para revelar a existência de um acordo, mas não de uma associação".

Ainda segundo Figueiredo Dias (1988, p. 52-62), há geralmente uma divisão de tarefas, mesmo que rudimentar, em tais associações criminosas, cujas atividades principais são: (i) *fundador*, (ii) *chefe* ou *dirigente*, (iii) *membro* e (iv) *apoiante*. No que toca à Lei Federal n.º 11.343/2006, ao consignar tipo autônomo de *financiador* (*apoiante*) no art. 36, esvaziou ainda mais o tipo objetivo do crime de *associação* (art. 35), segmentando condutas reputadas ilícitas que pertencem ao mesmo núcleo típico. Sem contar a desproporcional pena dirigida ao *financiador*, cuja sanção de privação de liberdade máxima chega ao dobro (vinte anos) da mesma aplicada a quem, de fato, empreende atividades criminosas em *associação* (dez anos).

Evidentemente, a jurisprudência não admitiu a hipótese do concurso material entre as condutas de *financiador* e *informante* (arts. 36 e 37) com a *associação* em si, em que pese ter sido necessário levar o assunto ao Superior Tribunal de Justiça. Na ocasião, o Tribunal concedeu o *Habeas Corpus* n.º 224.849/RJ, de 2013, sob a relatoria do Ministro Marco Aurélio Bellizze, entendendo que "considerar que o informante possa ser punido duplamente, pela associação e pela colaboração com a própria associação da qual faz parte, além de contrariar o princípio da *subsidiariedade*, revela indevido *bis in idem*" (BRASIL, 2013).

2.3.6 Código de Processo Penal (redação da Lei Federal n.º 11.900/2009)

Ainda sem um conceito preciso de *organização criminosa* no país, ao considerar as críticas aduzidas à recepção da Convenção de Palermo, o Código de Processo Penal brasileiro foi alterado, em seu art. 185, § 2º, por força da Lei Federal n.º 11.900, de 8 de janeiro de 2009, para dispor sobre o questionado interrogatório por videoconferência, na eminência de "risco à segurança pública, quando exista fundada suspeita de que o preso integre organização criminosa".

Em outras palavras, na ocasião em que a Lei entrou em vigor, caso houvesse suspeita da participação do réu em atividade associada, cuja definição não se encontrava legitimamente introduzida no ordenamento jurídico, poder-se-ia restringir, de certa forma, o direito fundamental à ampla defesa

CRIMINALIDADE ORGANIZADA NO BRASIL E EM PORTUGAL: QUESTÕES PENAIS E PROCESSUAIS PENAIS | 51

e ao contraditório[28] em interrogatório por televisão, distante da autoridade judiciária. Ora, se uma aula televisionada tem suas limitações para o aprendizado, imaginem-se as limitações ao exercício da defesa em uma audiência por videoconferência devido à suspeita de algo incerto em essência.[29]

2.3.7 Lei Federal n.º 12.694/2012 e Lei Federal n.º 12.850/2013: finalmente um conceito de organização criminosa, porém há muito ainda por esclarecer

O ordenamento jurídico brasileiro, com a edição da Lei Federal n.º 12.694, 24 de julho de 2012, recebeu o primeiro conceito legal de *organização criminosa*, depois de quase dezessete anos de muitas incertezas e teorias tentando esclarecer dificilmente do que tratava o termo.

A Lei, propriamente, versa sobre matéria processual, isto é, o *julgamento colegiado*, em primeiro grau, nos casos de crimes praticados por organizações criminosas, e, para tanto, preocupa-se em esclarecer o que quer dizer ao mencionar tais entidades a fim de resguardar sua eficácia (art. 2º):

> Para os efeitos desta Lei, considera-se organização criminosa a associação, de 3 (três) ou mais pessoas, estruturalmente ordenada e caracterizada pela divisão de tarefas, ainda que informalmente, com objetivo de obter, direta ou indiretamente, vantagem de qualquer natureza, mediante a prática de crimes cuja pena máxima seja igual ou superior a 4 (quatro) anos ou que sejam de caráter transnacional.

Organização criminosa, conforme a Lei Federal n.º 12.694/2012, é uma espécie de associação de três ou mais pessoas, diferente do tipo penal de *quadrilha ou bando*, que exigia um número mínimo de quatro indivíduos.

Quanto à estrutura e à divisão de tarefas, ainda que informal, em que pese os posicionamentos contrários, cumpre sustentar a posição de que aqui

---

[28] "Traduzido no binômio ciência e participação, e de respaldo constitucional (art. 5º, inc. LV, da CF), impõe que às partes deve ser dada a possibilidade de influir no convencimento do magistrado, oportunizando-se a participação e manifestação sobre os atos que constituem a evolução processual. (...). Deve ser assegurada a ampla possibilidade de defesa, lançando-se mão dos meios e recursos disponíveis e a ela inerentes". (TÁVORA e ALENCAR, 2009, p. 47).

[29] A respeito do tema, confira-se: "Nesse cenário, o sujeito submetido à jurisdição penal, que já é resultado de discursos mutiladores de subjetividades, é colocado em uma situação que é mal compreendida pelos atores jurídicos. A representação do corpo, suspendido na virtualidade das telas, está submetida a alterações fenomênicas que podem ser interpretadas de forma simplista e reducionista pelos juristas, o que pode implicar em um distanciamento ainda mais evidente das garantias e dos direitos fundamentais, reafirmando um sistema penal opressor e violento". (DUARTE e GARCIA, 2014, p. 25).

não há distinção com relação aos requisitos da *quadrilha ou bando*, afinal esta é uma das peculiaridades que distinguem uma associação ilícita qualquer do mero concurso de pessoas (DIAS, 1988, p. 33 e 37).[30]

Por último, eis uma diferenciação importante, semelhante ao conceito de *grupo criminoso organizado* da Convenção de Palermo, qual seja: a finalidade de obter vantagem mediante a prática de delitos com pena máxima superior a quatro anos ou de alcance transnacional. Eis um ponto clarividente de hierarquização dos distintos graus de ofensividade à *paz pública* entre a *organização criminosa* e a *quadrilha ou bando*.

Entretanto, cumpre pontuar que tal conceito possui exclusivamente natureza processual penal e, seus efeitos, conforme o próprio art. 2º da Lei Federal n.º 12.694/2012, estavam restritos à aplicação do próprio Diploma. Controverso, portanto, o alcance do dispositivo de interpretação autêntica para além dessa norma e, indiscutível, não se tratar de um novo tipo penal.

Coube, então, à Lei Federal n.º 12.850, de 2 de agosto de 2013, introduzir o tipo penal *integração em organização criminosa* (MENDRONI, 2014, p. 7), em seu art. 2º, em referência ao conceito veiculado por essa Lei no seu art. 1º, § 1º. Segue a transcrição dos dispositivos:

> Art. 1º (...)
>
> § 1º Considera-se organização criminosa a associação de 4 (quatro) ou mais pessoas estruturalmente ordenada e caracterizada pela divisão de tarefas, ainda que informalmente, com objetivo de obter, direta ou indiretamente, vantagem de qualquer natureza, mediante a prática de infrações penais cujas penas máximas sejam superiores a 4 (quatro) anos, ou que sejam de caráter transnacional.
>
> Art. 2º Promover, constituir, financiar ou integrar , pessoalmente ou por interposta pessoa, organização criminosa:
>
> Pena – reclusão, de 3 (três) a 8 (oito) anos, e multa, sem prejuízo das penas correspondentes às demais infrações penais praticadas.
>
> (...).

---

[30] Em portugal, a posição adotada por Jorge de Figueiredo Dias (1988, p. 33 e 37) para o tipo de associação criminosa, análogo a *quadrilha ou bando*, é a seguinte: "Tratar-se-á de uma 'instituição' mais ou menos complexa, mais ou menos formalizada e sofisticada, mais ou menos hierarquizada nas suas relações e mais ou menos cogente na imposição das suas 'normas' ou 'regras', mas sempre *de uma realidade transcendente à vontade e interesses individuais dos seus membros*. (...). Esta [associação criminosa] exige sempre o mínimo de estrutura organizatória que sirva de substrato material à existência de algo que supere os simples agentes".

CRIMINALIDADE ORGANIZADA NO BRASIL E EM PORTUGAL: QUESTÕES PENAIS E PROCESSUAIS PENAIS

De fato, o conceito da Lei Federal n.º 12.850/2013 não se restringe aos seus próprios efeitos, havendo, nesse ponto, uma distinção entre ela e a Lei Federal n.º 12.694/2012.

Outra distinção importante e única referente ao texto do conceito é o número mínimo de pessoas para integrar a *organização criminosa*, elevado para quatro, enquanto a Lei anterior prescreve três. De resto, o conceito é idêntico.

Todas os requisitos para configuração da antiga *quadrilha ou bando* somam-se aos novos requisitos do conceito de *organização criminosa*, conforme já visto no outro conceito introduzido pelo art. 2º da Lei Federal n.º 12.694/2012.[31]

Diz-se antiga *quadrilha ou bando* porque a Lei Federal n.º 12.850/2013 empreendeu uma alteração no tipo do art. 288 do Código Penal, revogando o *nomem iuris* da redação original do Código para *associação criminosa*. Além disso, reduziu o número mínimo de agentes para três a fim de delimitar melhor a fronteira entre as atuais *organização criminosa* e *associação criminosa*, bem como acrescentou a *participação de criança ou adolescente* como circunstância especial de aumento de pena. Passou-se, portanto, à seguinte redação:

> Associação Criminosa
>
> Art. 288. Associarem-se 3 (três) ou mais pessoas , para o fim específico de cometer crimes: Pena – reclusão, de 1 (um) a 3 (três) anos.
>
> Parágrafo único. A pena aumenta-se até a metade se a associação é armada ou se houver a participação de criança ou adolescente.

Ademais, revogou integralmente a Lei Federal n.º 9.034/1995, reproduzindo ao longo de seus artigos a nova redação de medidas processuais de prevenção e repressão ao *crime organizado*, com especial destaque para o art. 3º, versado sobre os meios de obtenção de prova. São eles: (i) colaboração premiada; (ii) captação ambiental de sinais eletromagnéticos, ópticos ou

---

[31] Damásio de Jesus (2014, p. 1071) sustenta posicionamento curioso quanto às *infrações penais pretendidas pela organização*, incluindo as *contravenções penais*, ilícitos penais de substancialmente reduzido potencial ofensivo. Isso porque o art. 1º, § 1º, da Lei Federal n.º 12.850/2013, contém "infrações penais" e não "crimes", como consta do art. 288 do Código Penal (associação criminosa). Com as devidas ressalvas, discorda-se dessa posição, pois é evidente a intenção do legislador em colocar mais rigor nos requisitos da *organização criminosa* com relação à *associação criminosa*, até mesmo em função das penas cominadas, hierarquizando os tipos por grau de ofensividade. Sem contar que a definição legal de *organização criminosa* exige que as tais *infrações penais* tenham penas máximas superiores a quatro anos, ou seja, sanções muito mais elevadas do que as aplicadas nas *contravenções-penais*.

acústicos; (iii) ação controlada; (iv) acesso a registros de ligações telefônicas e telemáticas, a dados cadastrais constantes de bancos de dados públicos ou privados e a informações eleitorais ou comerciais; (v) interceptação de comunicações telefônicas e telemáticas, nos termos da legislação específica; (vi) afastamento dos sigilos financeiro, bancário e fiscal, nos termos da legislação específica; (vii) infiltração, por policiais, em atividade de investigação; e (viii) cooperação entre instituições e órgãos federais, distritais, estaduais e municipais na busca de provas e informações de interesse da investigação ou da instrução criminal.

Em resumo, estão vigentes atualmente, no Brasil, os seguintes conceitos processuais e tipos penais referentes à *criminalidade organizada*:

(i) *grupo criminoso organizado* de três ou mais pessoas estruturado para prática de infrações graves: instituído pelo Decreto Federal 5.015/2004 (Convenção de Palermo), consiste em conceito processual penal de natureza infralegal e ineficaz, cogitando-se sua revogação tácita por força da Lei Federal n.º 12.850/2013;

(ii) *organização criminosa* de três ou mais pessoas estruturada para prática de crimes cuja pena máxima seja igual ou superior a 4 (quatro) anos ou que sejam de caráter transnacional: instituído pela Lei Federal n.º 12.694/2012, consiste em conceito processual penal de natureza legal e de eficácia restrita aos efeitos da própria Lei, cogitando-se sua revogação tácita (MENDRONI, 2014, p. 6) ou derrogação (JESUS, 2014, p. 1070) por força da Lei Federal n.º 12.850/2013;

(iii) *associação para fins de tráfico de drogas* de 2 ou mais pessoas, *financiador de tráfico de drogas* e *colaborador com o tráfico de drogas*: instituídos pela Lei Federal n.º 11.343/2006, consistem nos três tipos penais cujas penas são as mais elevadas, restando discutível a *proporcionalidade* de seus requisitos típicos e de suas sanções, ainda mais agora após a edição da Lei Federal n.º 12.850/2013;

(iv) *associação criminosa* de 3 ou mais pessoas estruturada para prática de crimes: instituída pela Lei Federal n.º 12.850/2013, em alteração promovida no art. 288 do Código Penal, revela o menor grau de ofensividade em comparação com as demais figuras típicas de combate à *criminalidade organizada*; e

(v) *integração em organização criminosa* de 3 ou mais pessoas estruturada para prática de crimes cuja pena máxima seja igual ou superior a 4 (quatro) anos ou que sejam de caráter transnacional: instituída pela Lei Federal n.º 12.850/2013, refere-se ao conceito geral de *organização criminosa* prescrito na própria Lei.

CRIMINALIDADE ORGANIZADA NO BRASIL E EM PORTUGAL: QUESTÕES PENAIS E PROCESSUAIS PENAIS | **55**

2.4 EVOLUÇÃO DO DIREITO POSITIVO PORTUGUÊS NA REPRESSÃO AO CRIME ORGANIZADO

2.4.1 Constituição da República Portuguesa: conceito constitucional de criminalidade altamente organizada

A Constituição de 1976 se preocupou em reservar uma série de dispositivos de natureza constitucional-penal para o fenômeno da *criminalidade organizada*. Entretanto, a terminologia adotada pelo constituinte português procurou destacar um grau maior de ofensividade do que o mero bando ou a associação criminosa (DIAS, 1988, p. 36-37).[32] Para isso, refere-se, em regra, à *criminalidade altamente organizada* como capaz de merecer atenção especial da Carta Política Portuguesa, a saber:

(i) relativiza a inviolabilidade do domicílio nos casos de autorização judicial fundada em indícios de *criminalidade especialmente violenta ou altamente organizada*, incluindo o *terrorismo* e o *tráfico de pessoas*, de *armas* e de *estupefacientes*, conforme previsto em lei (art. 34.º, 3); e

(ii) exceção à intervenção do Júri quando nos casos de *terrorismo* e de *criminalidade altamente organizada* (art. 207.º, 1).

Em que pese haver essa menção constitucional expressa, os alcances dos conceitos de *criminalidade altamente organizada*, *criminalidade organizada*, *associação criminosa* e *bando*, bem como onde se situam suas fronteiras, também carece de maior clareza no direito positivo português, conforme será visto de agora em diante.

2.4.2 Código Penal Portuûes (Decreto-Lei n.º 400/82 e Decreto-Lei n.º 48/95)

A par da menção constitucional à *criminalidade altamente organizada*, tanto o Código Penal Português, instituído pelo Decreto-Lei n.º 400/82, de 23 de setembro, quanto seu sucessor, veiculado pelo Decreto-Lei n.º 48/95, de 15 de março, não trouxeram semelhante termo entre seus tipos penais,

---

[32] Também nesse sentido, aduz João Davim (2007, p. 101): "Alerte-se que um grupo de indivíduos pode cometer, de forma articulada, um ou mais crimes, estabelecendo contactos, dividindo tarefas e planificando a(s) 'operação(ões) delituosas'. Porém, este não pode ser considerado a qualquer luz, como sendo ou fazendo parte da denominada 'criminalidade organizada' já que lhe falta um elemento – *organização* – essencial para sua caracterização. Na estruturação da organização, há a divisão de trabalho, combinando-se a centralização das acções".

constando deles, apenas, a tipificação da *associação criminosa*, respectivamente no art. 287.º[33] (já revogado) e art. 299.º[34] (em vigor).[35]

Assim como no Direito brasileiro, trata-se de crime de *perigo abstrato*, cujo bem jurídico tutelado é a *paz pública*, para o qual se exige uma série de elementos para configuração do tipo objetivo, quais sejam segundo a sistematização de Jorge de Figueiredo Dias (1988, p. 35-62):

(i) *pluralidade de agentes*: crime de *comparticipação necessária*, exigido o número mínimo de três pessoas imputáveis, conforme a redação vigente do art. 299.º, 5, do Código Penal;

(ii) *uma certa duração*: entre os seus membros, deve haver a deliberada intenção de permanência e habitualidade do empreendimento

---

[33] Artigo 287.º (Associações criminosas)

1 – Quem fundar grupo, organização ou associação cuja actividade seja dirigida à prática de crimes será punido com prisão de 6 meses a 6 anos.

2 – Na mesma pena incorre quem fizer parte de tais grupos, organizações ou associações ou quem os apoiar, nomeadamente fornecendo armas, munições, instrumentos de crime, guarda ou locais para as reuniões, ou qualquer auxílio para que se recrutem novos elementos.

3 – Na pena de prisão de 2 a 8 anos incorre quem chefiar ou dirigir os grupos, organizações ou associações referidos nos números anteriores.

4 – As penas referidas podem ser livremente atenuadas, ou deixar mesmo de ser aplicadas, se o agente impedir a continuação dos grupos, organizações ou associações ou comunicar à autoridade a sua existência a tempo de esta poder evitar a prática de crimes.

[34] Artigo 299.º

Associação criminosa

1 – Quem promover ou fundar grupo, organização ou associação cuja finalidade ou actividade seja dirigida à prática de um ou mais crimes é punido com pena de prisão de um a cinco anos.

2 – Na mesma pena incorre quem fizer parte de tais grupos, organizações ou associações ou quem os apoiar, nomeadamente fornecendo armas, munições, instrumentos de crime, guarda ou locais para as reuniões, ou qualquer auxílio para que se recrutem novos elementos.

3 – Quem chefiar ou dirigir os grupos, organizações ou associações referidos nos números anteriores é punido com pena de prisão de dois a oito anos.

4 – As penas referidas podem ser especialmente atenuadas ou não ter lugar a punição se o agente impedir ou se esforçar seriamente por impedir a continuação dos grupos, organizações ou associações, ou comunicar à autoridade a sua existência de modo a esta poder evitar a prática de crimes.

5 – Para os efeitos do presente artigo, considera-se que existe grupo, organização ou associação quando esteja em causa um conjunto de, pelo menos, três pessoas, actuando concertadamente durante um certo período de tempo.

[35] A respeito da evolução histórica da incriminação de grupos crimosos, veja-se a lição de Jorge de Figueiredo Dias (1988, p. 13-14): "A formulação, em termos modernos, de um tipo legal prevendo como crime autónomo a associação criminosa é, *uma voce*, reconduzida ao código penal napoleónico. E foi seguramente debaixo da influência directa daquele que a figura mereceu consagração no artigo 263.º do Código Penal português de 1852, sob a epígrafe de *associação de malfeitores*. Uma tal incriminação, como era próprio da mundividência liberal-individualista que presidia ao direito penal desta época, procurava primariamente responder à exigência político-criminal de protecção antecipada dos direitos individuais essenciais do cidadão perante o que se chamava o *banditismo social* – dos malfeitores, dos vagabundos e mendigos – que os podia pôr em causa. E daqui decorriam duas consequências fundamentais ao nível do tipo-de-ilícito".

criminoso, não podendo ser um mero ajuntamento por prazo determinado de delinquentes;

(iii) *um mínimo de estrutura organizatória*: aqui, situa-se uma das principais diferenças para a simples coautoria, porquanto há de se observar um mínimo de hierarquia, organização e divisão de tarefas, ainda que não de forma perene e formal, mas circunstancialmente relevante para levar a cabo os planos criminosos da associação;

(iv) *um qualquer processo de formação de vontade coletiva*: cumpre verificar se o crime é praticado por certo alguém ou por esse alguém em nome da entidade, bem como se as vantagens auferidas, de certa forma, potencialmente revertem para fortalecer ainda mais a associação; e

(v) *um sentimento comum de ligação, por parte dos membros da associação*: decorre muito do conceito anterior, isto é, cada membro deve ter seu papel e se sentir parte do todo, devendo enxergar o mesmo nos seus companheiros e desvinculando o *animus* de delinquir próprio para uma deliberada vontade de delinquir em favor da associação criminosa.

Percebe-se, assim, que as características apresentadas pela doutrina na delimitação do tipo objetivo da *associação criminosa* servem bem para a compreensão dela, mas resta ausente a distinção de tal empreendimento criminoso para com a dita *criminalidade altamente organizada*, por exemplo.

João Davim (2007, p. 57) assevera posição semelhante, pois, para ele, "o conceito de 'criminalidade organizada' é um conceito criminológico que não coincide, pelo menos inteiramente, com o de 'associação criminosa', previsto no Código Penal".

2.4.3 Código de Processo Penal: uma tentativa de conceito e uma série de referências

O Código de Processo Penal português, instituído pelo Decreto-Lei n.º 78/87, de 17 de fevereiro, em seu art. 1.º, cuida de expor as definições legais de importantes conceitos tratados ao longo de seus dispositivos. Entre elas, encontra-se o significado de:

(i) *terrorismo*: as condutas que integrarem os crimes de organização terrorista, terrorismo e terrorismo internacional (art. 1.º, i);

(ii) *criminalidade violenta*: as condutas que dolosamente se dirigirem contra a vida, a integridade física, a liberdade pessoal, a liberdade e autodeterminação sexual ou a autoridade pública e forem puníveis com pena de prisão de máximo igual ou superior a cinco anos (art. 1.º, j);

(iii) *criminalidade especialmente violenta*: as condutas previstas na alínea anterior puníveis com pena de prisão de máximo igual ou superior a oito anos (art. 1.º, l); e

(iv) *criminalidade altamente organizada*: as condutas que integrarem crimes de associação criminosa, tráfico de pessoas, tráfico de armas, tráfico de estupefacientes ou de substâncias psicotrópicas, corrupção, tráfico de influência, participação económica em negócio ou branqueamento (art. 1.º, m).

O modelo português de categorização de espécies de *criminalidade* se assemelha ao que foi tentado no Brasil pela Lei Federal n.º 8.072, de 25 de julho de 1990, (Lei dos Crimes Hediondos), e que se mostrou falho na realidade brasileira.[36]

Trata-se, pois, da atribuição de um título a um rol de delitos já tipificados, o que não significa propriamente um conceito de *criminalidade violenta*, por exemplo. Afinal, o significado que vem à cabeça de qualquer pessoa ao se deparar com o significante *violência* é uma imagem de aflição física, corpórea, geralmente dirigida a um ser humano ou a um animal, o que, de imediato, torna incompreensível categorizar como tal toda *conduta dirigida dolosamente a autoridade pública*. É o caso do tipo *descaminho ou destruição de objectos colocados sob o poder público*, prescrito no art. 355.º do Código Penal (Secção III do Capítulo *Dos Crimes contra a Autoridade Pública*), cuja pena máxima cominada é de cinco anos de prisão, portanto, considerado como *criminalidade violenta* para o ordenamento jurídico português.

A mesma coisa acontece na definição de *criminalidade altamente organizada*, onde se categoriza um rol de tipos penais já existentes. A propósito, rol conflitante com a previsão constitucional do mesmo conceito, haja vista que o Código de Processo Penal não guarda identidade com o texto constitucional nesse aspecto, afinal este não considera como tal o *tráfico de pessoas*, de *armas* e de *estupefacientes*, enquanto a norma processual atribui a esses delitos o título de *criminalidade altamente organizada*.

Nesse sentido, cumpre expor a crítica precisa de Manuel da Costa Andrade (2009, p. 53) a respeito das alterações nos conceitos inaugurais do Código de Processo Penal, por ocasião da reforma de 2007, atualmente em vigor:

---

[36] "O fracasso da Lei de Crimes Hediondos não foi suficiente para chamar à razão os meios governamentais – que se insiste na postura político – criminal – ingênua, tola ou ardilosa, não se sabe com exatidão – que apresenta o Direito Penal como a fórmula mágica idônea a solucionar os conflitos sociais, a mezinha especial capaz de curar todas as enfermidades que a má distribuição de renda, a miséria, a fome, os desequilíbrios sociais, a corrupção e a impunidade provocam". (FRANCO, 1994, p. 8).

As novas "definições" contidas nas alíneas *i)*, *j)*, *l)*, *m)* do n.º 1 do artigo 1.º do Código de Processo Penal mais não são do que enumerações/remissões para outros tantos *catálogos* fechados de incriminações típicas. As novas "definições" são meras enumerações tautológicas de conjuntos de infracções. Isto em sentido total e circular: *só* pertencem à categoria os crimes enunciados; inversamente, *todos* os factos subsumíveis numa das incriminações do catálogo integram necessariamente a respectiva categoria. A título de exemplo, a manifestação mais linear e mais simples de *corrupção* – A dá a B, funcionário duma Junta de Freguesia, uma vantagem patrimonial, mais concretamente, uma garrafa de vinho tinto de uma renomada reserva, para obter dele um acto da sua competência – constitui necessariamente um caso de *criminalidade altamente organizada*.

Ademais, categorizar o tipo penal de *associação criminosa* como *criminalidade altamente organizada* vai de encontro à relevante parcela da doutrina jurídico-criminal portuguesa, já exaustivamente citada nesse trabalho, sobretudo na pessoa do Professor Jorge de Figueiredo Dias (1988), tampouco condiz com os estudos jurídico-criminológicos do fenômeno da *criminalidade organizada*.

Não obstante, o legislador português aplica o termo *criminalidade altamente organizada* em uma série de dispositivos processuais previstos no Código, a saber:

(i) *imunidades, prerrogativas e medidas especiais de protecção*: garante a proteccção de testemunhas e de outros intervenientes (art. 139.º, 2);

(ii) *primeiro interrogatório não judicial de argüido detido*: restringe a comunicação do arguido com qualquer pessoa, salvo seu defensor, antes do primeiro interrogatório (art. 143.º, 4);

(iii) *pressupostos das revistas e buscas*: permite revistas e buscas sem a necessidade de autorização, ordem e presidência de autoridade judiciária (art. 174.º, 5, a);

(iv) *busca domiciliária*: permite a realização de busca domiciliária em qualquer horário, mesmo entre 21h e 7h (art. 177.º, 2, a);

(v) *admissibilidade das escutas telefônicas*: relativiza a competência privativa do juiz de instrução, permitindo que o juiz "dos lugares onde eventualmente se puder efectivar a conversação ou comunicação telefónica ou da sede da entidade competente para a investigação criminal" possa autorizar escutas telefônicas (art. 187.º, 2, a);

(vi) *prisão preventiva*: permite a prisão preventiva (art. 202.º, 1, c);

(vii) *prazos de duração máxima da prisão preventiva*: amplia o prazo máximo da prisão preventiva (art. 215.º, 2 e 3); e

(viii) *limite de testemunhas*: permite ao Ministério Público, na acusação, ultrapassar o número limite de testemunhas (art. 283.º, 7).

Enfim, o Código Processual Penal consigna uma série de medidas mais gravosas para o rol de crimes de seu art. 1.º, m, por ele, intitulados de *criminalidade altamente organizada*. Contudo, não guarda correspondência com a Constituição Portuguesa, bem como a inexistência de um conceito de fato permite que esse rol seja constantemente ampliado, sem o menor critério, pelo legislador de cariz demagogo e afeto a um Direito Penal e Processual Penal cada vez mais simbólico.

2.4.4 Lei n.º 36/94, Lei n.º 101/2001 e Lei n.º 5/2002: sistema processual de combate à criminalidade organizada e econômico-financeira

A Lei n.º 36/94, de 29 de setembro, cujo objeto é o combate à corrupção e à criminalidade econômica e financeira, já direcionava às *infracções cometidas de forma organizada* a quebra do *segredo profissional*, o que abrange a flexibilização dos sigilos bancário e fiscal,[37] para a descoberta da verdade material e da prova.

Embora alguns delitos considerados econômico-financeiros[38] e a corrupção façam parte da definição do Código de Processo Penal (art. 1.º, m), a Lei n.º 36/94 não traz referência ao termo *criminalidade altamente organizada* presente tanto na Constituição quanto no Estatuto Processual.

---

[37] "O segredo fiscal e o segredo bancário têm alguns pontos em comum em relação aos dados que os compõe mas algumas diferenças básicas quanto à função que preenchem. Enquanto o segredo bancário constitui uma súmula dos deveres do banqueiro para com seu cliente o segredo fiscal constitui um mero dever de reserva da Administração em relação aos dados que o administrado lhe deve fornecer". (SANCHES, 2004, p. 57).

[38] É o caso do *branqueamento de capitais*, em que pese, noutra ocasião, tenha-se tentado demonstrar que tal delito não pode ser considerado de cariz *econômico-financeiro*, em virtude de o bem jurídico protegido por ele não ser a *ordem econômica*. (RODRIGUES, 2014, p. 20-21). Nesse sentido: "É importante sublinhar que a atual imposição aos privados, atrás referida, de cada vez mais apertados esquemas de vigilância e controlo de certas operações económicas (máxime, no que diz respeito à movimentação de fundos através de bancos e outras entidades financeiras), musculados com severas sanções penais e aplicados pelos próprios operadores privados numa veste de quase-polícias, nada tem que ver com a tutela da economia. Na realidade, ela encontra-se ordenada à pretensão de que essas operações não sirvam de meio para ofensa de outros bens jurídicos: pense-se, v. g., nas incriminações do branqueamento de capitais e do financiamento do terrorismo. Nesse contexto, talvez, possa mesmo sugerir que a economia não é encarada como objeto de proteção, mas antes como potencial instrumento de crime. (...). O objetivo de garantir a Law and order ressalta claramente como primeira finalidade, admitindo-se depois que as condutas em causa podem conduzir a distorções da concorrência (perigo abstrato para a concorrência leal) e, em último lugar, trazer eventualmente um prejuízo ao desenvolvimento econômico". (DIAS, 2012, p. 534-535).

CRIMINALIDADE ORGANIZADA NO BRASIL E EM PORTUGAL: QUESTÕES PENAIS E PROCESSUAIS PENAIS | 61

Já a Lei n.º 5/02, de 11 de janeiro, que promoveu a segunda alteração na Lei n.º 36/94, traz menção expressa, em sua epígrafe, à *criminalidade organizada e económico-financeira*, estabelecendo medidas processuais mais gravosas para a perseguição penal e efetiva repressão, mais especificamente "um regime especial de recolha de prova, quebra do segredo profissional e perda de bens em favor do Estado".

Entretanto, o que se entende por *criminalidade organizada* não é semelhante ao disposto na Constituição, muito menos ao prescrito no Código de Processo Penal. Isso porque a Lei n.º 5/02 traz mais um rol de tipos penais a serem encarados, para os fins da Lei, como *criminalidade organizada e económico-financeira* (art. 1.º), em parte, desencontrado com o rol do Código de Processo Penal. Por exemplo: (i) *tráfico de influência* é considerado *criminalidade altamente organizada* para o Estatuto Processual, ao passo que o mesmo tipo não se encontra listado no rol da Lei n.º 5/02; (ii) já quanto ao *tráfico de armas* é, ao mesmo tempo, considerado *criminalidade altamente organizada* e *criminalidade organizada e económico-financeira* por ambas as normas processuais, porém não é considerado *criminalidade altamente organizada* conforme o art. 34.º, 3, da Constituição.

Em que pese o verdadeiro caos conceitual presente na legislação, a Lei n.º 5/02 implica sérias restrições a direitos fundamentais, a exemplo da quebra dos sigilos bancário e fiscal. Os elogios a tais novos meios de produção de prova se dão em função do "sempre difícil e sinuoso combate à criminalidade organizada e de natureza económico-financeira" (CEJ, 2004, p. 69), porém, consoante o exposto neste trabalho, o *difícil e sinuoso combate* muito se deve à confusa legislação penal e processo penal, que nem sequer consegue identificar o que procura reprimir.

Ademais, cumpre mencionar: (i) a edição da Lei n.º 101/01, de 25 de agosto, destinada a disciplinar as ações de agentes encobertos para fins de prevenção e investigação criminal, voltadas para muitos dos delitos categorizados, dispersamente, como de alguma espécie de *criminalidade organizada* ou *altamente organizada*;[39] e (ii) a ratificação da Convenção de Palermo em Portugal, por força do Decreto do Presidente da República n.º 19/04, de 2 de abril, sem muita repercussão, haja vista que o padrão de combate e repressão ao que se entende por *criminalidade organizada* ou *altamente*

---

[39] Segundo Rui Pereira (2004, p. 25), "Actualmente, o 'regime jurídico das acções encobertas para fins de prevenção e investigação criminal' está previsto na Lei n.º 101/2001, de 25 de agosto. Este diploma veio consagrar o recurso ao 'agente encoberto' em termos gerais, abandonando a ligação exclusiva ao tráfico de droga, à corrupção e à criminalidade económica e financeira".

organizada, em Portugal, permanece adstrito ao arrolamento de tipos penais encarados como tal (DAVIN, 2007, p. 97).

2.5 (I)LEGITIMIDADE CONSTITUCIONAL DOS NOVOS MEIOS OCULTOS DE INVESTIGAÇÃO CONTRA O CRIME ORGANIZADO

O centro nevrálgico da persecução penal reside na *prova*. O princípio da *verdade material*[40] depende, justamente, do êxito na obtenção dessa prova.[41] Entretanto, a busca pela *verdade* não pode ser contaminada pela sanha inquisitorial que lhe é, por vezes, peculiar (OLIVEIRA, 2008, p. 285),[42] devendo-se sempre observar os limites constitucionais e legais que definem as *proibições de prova* em processo penal.

A *verdade material*, portanto, deve possuir dois sentidos, os quais, de acordo com Jorge de Figueiredo Dias (2004, p. 193-194), consistem em: (i) "uma verdade subtraída à influência que, através do seu comportamento processual, a acusação e a defesa queiram exercer sobre ela"; e também no sentido de (ii) "uma verdade que, não sendo *absoluta* ou *ontológica*, há de ser antes de tudo uma verdade *judicial, prática* e, sobretudo, não uma verdade obtida a todo preço mas *processualmente válida*".

A busca pela *verdade material*, inserida dentro do contexto de um Direito Processual Penal Constitucional, confunde-se com a própria função desse ramo das Ciências Jurídico-Criminais, assim descrito na esteira novamente do que leciona Jorge de Figueiredo Dias (2004, p. 46): "o processo penal, longe de servir apenas o exercício de direitos assegurados pelo direito penal,

---

[40] Crê-se que a terminologia adotada em Portugal, *verdade material*, representa melhor o que se quer atingir, tendo em vista ser a *verdade real*, de certa forma, um pouco tautológica.

[41] "O primeiro momento da atividade probatória é o da obtenção da prova, pelos meios de busca da prova". (SILVA, 2003, p. 64)

[42] A respeito da análise crítica ao princípio da *verdade real*: "O chamado princípio da *verdade real* rendeu (e ainda rende) inúmeros frutos aos aplicadores do Código de Processo penal, geralmente sob o argumento da relevância dos interesses tratados no processo penal. A gravidade das questões penais seria suficiente para permitir uma busca mais ampla e mais intensa da verdade, ao contrário do que ocorreria, por exemplo, em relação ao processo civil. Não iremos muito longe. A busca da *verdade real*, em tempos ainda recentes, comandou a instalação de práticas probatórias as mais diversas, ainda que sem previsão legal, autorizadas que estariam pela nobreza de seus propósitos: a verdade. Talvez o mal maior causado pelo citado princípio da verdade real tenha sido a disseminação de uma cultura inquisitiva, que terminou por atrair praticamente todos os órgãos estatais responsáveis pela persecução penal. Com efeito, a crença inabalável segundo a qual a verdade estava efetivamente ao alcance do Estado foi a responsável pela implantação da ideia acerca da necessidade inadiável de sua perseguição, como meta principal do processo penal". (OLIVEIRA, 2008, p. 285-286).

visa a comprovação e realização, a definição e declaração do direito do caso concreto, hic et nunc válido e aplicável".

Feitas essas considerações, cumpre analisar o surgimento de novos *meios de obtenção de prova,* destinados à repressão do que se entende por *criminalidade organizada,* cuja característica principal, tanto no processo penal brasileiro como no ordenamento português, é a *dissimulação* para acessar aos meios de prova. Daí o porquê da terminologia usada por Manuel da Costa Andrade ser *métodos ocultos de investigação* (2009, p. 525) ou, até mesmo para alguns deles, *meios enganosos* de obtenção de prova (2013, p. 233-237).

Em suma, tratam-se de *meios ocultos de investigação*[43]ou *meios ocultos de obtenção de prova.*[44]

No Brasil, o catálogo de métodos dessa natureza é mais amplo e agressivo com relação à invasão do domínio privado, a exemplo do acesso imediato a todos os bancos de dados públicos dos cidadãos, sem grandes restrições nos casos de investigação dirigida à *organização criminosa,* de acordo com a Lei Federal n.° 12.850/2013.

Em Portugal, embora menos numerosos e incisivos os *meios ocultos de obtenção de prova,* as tautológicas definições de *criminalidade organizada* (ANDRADE, 2009, p. 53), sem qualquer delimitação de critérios de ofensividade, faz com que essa nova espada do processo penal contemporâneo recaia sob crimes mais corriqueiros, típicos do Direito Penal clássico. É o caso de alguns crimes catalogados como *criminalidade altamente organizada,* como *corrupção* e *tráfico de influência,* que muitas vezes ocorrem sem qualquer tipo de estrutura ou organização, quiçá de maneira *altamente organizada.*

Eis, aí, o fenômeno da contaminação do Direito Penal tradicional, de cariz liberal, pelo Direito Penal do Inimigo,[45] cujos métodos de repressão são muito mais gravosos às liberdades individuais.

---

[43] "Numa primeira e sumária caracterização, os métodos ocultos de investigação representam uma intromissão nos processo de acção, interacção e comunicação das pessoas concretamente visadas, sem que estas tenham conhecimento do facto nem dele se apercebam. Que, por causa disso, continuam a agir, interagir, a expressar-se e a comunicar de forma "inocente", fazendo ou dizendo coisas de sentido claramente auto-incriminatório ou incriminatório daqueles que com elas interagem ou comunicam. De forma simplificada e reducionista, os meios ocultos de investigação levam as pessoas atingidas – normalmente o suspeito – a "ditar" inconscientemente para o processo "confissões" não esclarecidas nem livres". (ANDRADE, 2009, p. 109-110).

[44] "Os chamados *métodos ocultos de investigação* – categoria a que pertencem meios de obtenção de prova como: *intromissões nas telecomunicações* na diversidade de formas e manifestações, *agentes encobertos* e '*homens de confiança*', *observação oculta, videovigilância,* '*buscas on-line*', *gravação de imagem* ou de *palavra* com câmeras ou microfones ocultos ('*gravações ambiente*'), *IMSI-Catcher (IMEI), GPS,* etc". (ANDRADE, 2009, p. 104-105).

[45] "Cumpre mencionar a existência de teóricos de uma terceira velocidade do Direito Penal, também conhecida como Direito Penal do Inimigo. Destina-se, em ampla medida, ao combate da

Os instrumentos processuais penais dirigidos ao inimigo não podem coabitar o mesmo regime democrático de direito vigente sem a existência de bem delimitadas fronteiras entre o *crime of powerfull* e o *crime of powerless*.[46] No entanto, a questão é saber até que ponto é possível isolar no ordenamento jurídico esses distintos fenômenos criminológicos, uma vez que, consoante exposto no Tópico 2 deste trabalho, não houve sequer a distinção entre tais fenômenos no campo teórico-descritivo.

Nessa linha, Manuel da Costa Andrade (2009, p. 105) trata de uma espécie de "metastização fulgurante" desses meios ocultos, tomando, em massa e com força, o processo penal dos países ocidentais. A essa expansão ele atribui os seguintes fatores: (i) "o triunfo (conjuntural) duma ideologia de *war on terrorism*, soprada sobretudo a partir dos Estados Unidos"; e (ii) "as profundas (e estruturais) transformações desencadeadas pelos progressos tecnológicos no domínio das telecomunicações. Isso na esteira e seguindo tendencialmente o modelo de *escutas telefónicas*, o primeiro meio oculto institucionalizado".

Por tudo isso, os Estados Democráticos de Direito brasileiro e português ainda não têm defesas contra esse processo de contaminação das demais áreas do Direito Penal e do Processo Penal pelo simbólico regime repressor do *inimigo*.

Além disso, torna-se imprescindível transcrever as observações de Manuel da Costa Andrade (2009, p. 105-106) a respeito de como tais métodos de obtenção de prova conseguem se blindar a qualquer argumento de defesa quanto à ausência de fundada suspeita:

> Na avaliação da danosidade em geral associada aos meios ocultos de investigação deve ainda considerar-se uma dimensão que tenderá a resultar na qualificação e agravamento exponencial dos aspectos parcelares já sumariamente recenseados. Temos em vista as implicações decorrentes da circunstância de, por não terem conhecimento da medida antes e

---

macrocriminalidade socioeconômica, principalmente a de caráter transnacional. A denominação de inimigo traz profunda substância simbólica repressiva, pois abandona qualquer finalidade punitiva de reinserção do delinquente: é a repressão máxima em prol da defesa das ordens nacional e internacional. Com as devidas ressalvas, a visão do inimigo aparenta ser um retrocesso na teoria do crime, uma vez que flerta com as ideias penais de vingança, há séculos superadas pela humanidade". (RODRIGUES, 2014, p. 176-177).

[46] "Está-se diante de uma expansão do Direito Penal tal qual a vivenciada no âmbito das políticas criminais internas direcionadas ao combate à criminalidade organizada, econômica, financeira, bem como a delitos de corrupção e contra o meio ambiente, porquanto a persecução penal clássica não se ajusta com a impossibilidade de se individualizar o delinquente nos casos dos ilícitos perpetrados por, *exempli gratia*, sociedades empresárias.
Com efeito, é peculiar à criminalidade transnacional o viés econômico-financeiro, esta característica impõe a inovação na construção da política criminal, pois tais delitos, classificados como *crimes of the powerful* pela criminologia, demandariam uma estrutura dogmática diversa daquela do Direito Penal clássico (*crimes of the powerless*)". (RODRIGUES, 2014, p. 165-166).

CRIMINALIDADE ORGANIZADA NO BRASIL E EM PORTUGAL: QUESTÕES PENAIS E PROCESSUAIS PENAIS

durante a sua execução, *as pessoas atingidas não poderem actualizar qualquer pretensão de reacção e tutela*, mesmo que legalmente subsistente e consignada. Elas não podem, concretamente, fazer valer a ilegalidade da medida por violação de qualquer dos pressupostos legais. Esclarecedor o confronto com as medidas de coacção, nomeadamente com a prisão preventiva, que a todo o tempo pode ser contestada, infirmada e neutralizada. Diferentemente, aqui a pessoa atingida só toma conhecimento (se toma) depois de a medida ter sido levada a cabo. Tarde de mais, porquanto então já a medida terá irreversivelmente desencadeado o seu potencial de devassa. E, sobretudo, já terá reforçado a plausibilidade dos pressupostos que, ao tempo em que a medida foi decidida, bem poderiam revelar-se insuficientes e problemáticos. *A título de exemplo: a generalidade destas medidas integram entre os seus pressupostos um determinado grau de suspeita da prática de um crime (do catálogo). Com que hipóteses de sucesso e com que eficácia pode um argüido vir invocar que, ao tempo em que a medida foi ordenada ou autorizada, não existia a suspeita reclamada e pressuposta pela lei se, entretanto, já a medida aumentou, ela própria, a plausibilidade da suspeita, convertendo-a numa "certeza"?*

Evidencia-se, com esse exemplo proposto pelo autor português, como a busca pela *verdade material* dessa nova geração de meios de obtenção de prova possui caráter inquisitorial. A suspeita que legitimaria a utilização de tais métodos invasivos de investigação, na realidade, encontra respaldo nas informações por eles obtidas e, quando resultam frustrados, nada pode ser feito pelo investigado para reparar o constrangimento ilegal sofrido, afinal não teria como saber ao menos da existência da investigação.

A legitimidade desses meios ocultos de investigação reside nas circunstâncias em que são aplicados. Afinal, como já foi tratado alhures, a legislação comete muitos equívocos e confusões quanto ao alcance do que se entende por *criminalidade organizada*, podendo muitas vezes impor tratamento deveras gravoso à delinquência comum, sem grandes danos à estrutura social e à paz pública, bem como passível de ser investigada com eficiência por meios processuais que restrinjam menos as liberdades individuais. Aplicações do regime processual penal contrárias a este raciocínio são ilegítimas e ultrapassam os limites constitucionais da atuação restritiva do Estado – ou da *intervenção mínima do processo penal* (SILVA, 2003, p. 53).

Quer queira quer não queira, o direito, assim, está posto – "podia e devia ter sido diferente"[47] – no Brasil e em Portugal.[48] Resta aos juristas demonstrar

---

[47] Trecho do título da obra de Manuel da Costa Andrade (2009), exaustivamente citada neste trabalho.

[48] Desde 1988, Jorge de Figueiredo Dias já antevia a problemática enfrentada neste trabalho. Confira-se: "São por demais compreensíveis os atractivos que, do ponto de vista da perseguição penal, possui a qualificação de um caso como integrante do tipo legal de associações criminosas; aos quais se soma a

a fragilidade de suas prescrições a fim de procurar conformá-las ao máximo com os princípios da *proporcionalidade* e da *subsidiariedade*, ambos atinentes à aplicação de medidas processuais penais mais gravosas. Afinal, no horizonte do intérprete, sempre deve estar a preservação dos direitos e garantias fundamentais.

2.6 CONCLUSÃO

A construção de um conceito preciso de *criminalidade organizada* é, sem sombra de dúvidas, tarefa ainda muito distante de ser alcançada, apesar de muito já ter sido produzido sobre o assunto tanto no âmbito criminológico quanto no âmbito jurídico.

Uma série de pesquisas históricas tentam traçar uma linha de evolução da atividade criminosa organizada, perpassando culturas e circunstâncias muitos distantes nas sociedades humanas dos últimos quatro séculos, normalmente, com a intenção de legitimar o discurso contemporâneo de repressão à *criminalidade organizada*.

O crime é fenômeno social e, assim como qualquer outro fenômeno dessa natureza, está suscetível a uma série inestimável de causas. As investigações científicas metodologicamente rigorosas sobre a atividade criminógena organizada reconhecem, da mesma forma, a pluralidade de fatores que levam a tais comportamentos ilícitos, de modo que não é possível descobrir uma simplória e imediata vacina para essa realidade indigesta do mundo globalizado.

Não há, portanto, uma fórmula para solucionar um problema que nem sequer se conhece bem.

Assim, qualquer expansão jurídico-penal no sentido de reprimir o que se reputa *criminalidade organizada* deve ser feita com muita cautela, racionalizando os meios, buscando alternativas e, sempre, preservando ao máximo as liberdades individuais, sob pena de subverter todo o sistema democrático

---

circunstância de assim se poderem minorar os esforços exigidos pelo esclarecimento de certos crimes e pela cabal individualização da responsabilidade dos agentes singulares, se logo aqueles forem imputados à existência de uma associação cuja actividade seja dirigida à sua prática. Só que – repete-se, em síntese conclusiva quanto a esta parte –, se nada poderá ser mais tentador, porque nada mais linear e mais cômodo, do que esgrimir com o crime de associações criminosas logo na simples base da existência de um acordo ou de uma decisão conjunta para o cometimento de crimes, nada também mais flagrantemente injusto e ilegal, enquanto atrabiliariamente se afasta a incidência das normas relativas à compartição (nomeadamente à coautoria), se tornam aplicáveis em espécie penas provavelmente mais pesadas e se encurtam direitos e garantias decorrentes dos princípios constitucionais e legais relativos à prova e à liberdade pessoal no processo penal". (DIAS, 1988, p. 12).

de direito. Até porque o argumento central dos defensores da neocriminalização é justamente proteger tal sistema, razão pela qual cumpre alertar que deixá-lo de lado para combater a ameaça é garantir, antes de lutar, a vitória do *inimigo*.

Ocorre que, conforme se procurou demonstrar, a legislação brasileira e portuguesa evoluiu, ao longo das últimas décadas, descurada desses princípios essenciais, entre eles, *proporcionalidade, subsidiariedade* e *intervenção mínima do Direito Penal e do Processo Penal*.

O Brasil, particularmente, ainda conta com inúmeros tipos penais versados sobre a *o crime organizado*, com penas e medidas processuais particulares bastante desproporcionais.

Portugal, por sua vez, até agora não possui uma mínima definição, em seu ordenamento jurídico, do que considera como *criminalidade altamente organizada, criminalidade organizada, criminalidade econômico-financeira* etc., ou seja, há uma verdadeira pulverização de pseudo-definições, cuja implicação no direito português é a danosa contaminação de ramos clássicos das ciências criminais por típicos instrumentos penais e processuais penais do Direito Penal do Inimigo.

São meios de repressão muito convenientes e atrativos às autoridades policiais, que, sem controlo, estender-se-ão ilegitimamente por todos os lados, ao ponto de relativizar de vez todos os direitos e garantias fundamentais próprios da intimidade e da vida privada.

Dessa forma, cabe reiterar que a legitimidade desses novos métodos dissimulados de repressão reside nas circunstâncias em que são aplicados. Deve-se evitar tratamento deveras gravoso à delinquência comum, sem grandes danos à estrutura social e à paz pública, bem como passível de ser investigada com eficiência por meios processuais que restrinjam menos as liberdades individuais.

Cabe aos juristas demonstrar a fragilidade desses institutos a fim de procurar conformá-los ao máximo com os princípios da *proporcionalidade* e da *subsidiariedade*, no âmbito de eficácia normativa da Constituição. Afinal, no horizonte do intérprete, sempre deve estar presente a preservação dos direitos e garantias fundamentais.

REFERÊNCIAS

ALBRECHT, Hans-Jörg. Organisierte kriminalität: theoretische erklärungen und empirische befunde. In: **Revista da Faculdade de Direito**, Universidade de São Paulo, Volume 105, São Paulo, 2010.

ANDRADE, Manuel da Costa. **"Bruscamente no verão passado", a reforma do código de processo penal**: observações críticas sobre uma lei que podia e devia ter sido diferente. Coimbra: Coimbra Editora, 2009.

ANDRADE, Manuel da Costa. Métodos ocultos de investigação. In: MONTE, Mário Ferreira *et alii.***Que futuro para o direito processual penal**: simpósio em homenagem a Jorge de Figueiredo Dias, por ocasião dos 20 anos do Código de Processo Penal Português. Coimbra: Coimbra Editora, 2009.

ANDRADE, Manuel da Costa. **Sobre proibições de prova em processo penal.** Coimbra: Coimbra Editora, 2013

ANTUNES, Maria João. A problemática penal e o tribunal constitucional. In: **Estudos em Homenagem ao Prof. Doutor José Joaquim Gomes Canotilho**, vol. I. Coimbra: Coimbra Editora, 2012

ANTUNES, Maria João. **Medidas de segurança de internamento e facto de inimputável em razão de anomalia psíquica.** Coimbra: Coimbra Editora, 2002.

BAQUIÃO, Rubens César. Signo, significação e discurso. In: **Estudo semióticos.** Vol. 7, n.º 2, São Paulo: Universidade de São Paulo, 2011.

BITENCOURT, Cezar Roberto Bitencourt. **Código penal comentado**. 7 ed. São Paulo: Saraiva, 2012.

BRASIL. Superior Tribunal de Justiça. **Habeas Corpus n.º 224.849 – RJ**. Relator: Ministro Marco Aurélio Bellizze. Julgamento em: 11 de junho de 2013. Publicado no DJe em: 19 de junho de 2013. Disponível em: <http://stj.jus.br>. Acesso em: 28 de junho de 2014.

BRASIL. Superior Tribunal de Justiça. **Habeas Corpus n.º 41.590 – AC**. Relator: Ministro Paulo Gallotti. Julgamento em: 4 de junho de 2006. Publicado no DJ em: 12 de junho de 2006. Disponível em: <http://stj.jus.br>. Acesso em: 28 de junho de 2014.

BRASIL. Supremo Tribunal Federal. **Habeas Corpus n.º 41.590 – SP**. Relator: Ministro Marco Aurélio. Julgamento em: 12 de junho de 2012. Publicado no DJ em: 8 de fevereiro de 2013. Disponível em: <http://stf.jus.br >. Acesso em: 28 de junho de 2014.

CARVALHO, Ivan Lira de. O direito penal como instrumento inibidor da violência. In: **Revista de informação legislativa**, n.º 131, p. 123-128, 1996.

CAVALCANTI, Eduardo Medeiros. **Crime e sociedade complexa**. Campinas: LZN, 2005.

CEJ, Centro de Estudo Judiciários. Sigilo bancário e sigilo fiscal, no domínio da lei 5/2002, de 11-1. In: CEJ, Centro de Estudo Judiciários. **Medidas de combate à criminalidade organizada e económico-financeira**. Coimbra: Coimbra Editora, 2004.

COSTA, José de Faria. **Direito penal e globalização: reflexões não locais e pouco globais.** Coimbra: Coimbra Editora, 2010.

DAVIN, JOÃO. **A criminalidade organizada transnacional: a cooperação judiciária e policial na UE**.2 ed. Coimbra: Almedina, 2007.

DELMANTO, Celso et alii. **Código penal comentado**. 7 ed. Rio de Janeiro: Renovar, 2007.

DIAS, Jorge de Figueiredo. **As associações criminosas no código penal português de 1982**: arts. 287.º e 288.º. Coimbra: Coimbra Editora, 1988.

DIAS, Jorge de Figueiredo. **Direito processual penal**. Coimbra: Coimbra Editora, 2004.

DIAS, Jorge de Figueiredo. O direito penal económico entre o passado, o presente e o futuro. In: **Revista Portuguesa de Ciência Criminal**, Ano 22, n.º 3. Coimbra: Coimbra Editora, 2012.

DIAS, Jorge de Figueiredo; ANDRADE, Manuel da Costa Andrade. **Criminologia: o homem delinquente e a sociedade criminógena**. Coimbra: Coimbra Editora, 2013.

DUARTE, Evandro Piza; GARCIA, Rafael de Deus. O interrogatório por videoconferência: a dignidade da presença do acusado e os limites conceituais do debate jurídico. In: **Direito e Novas Tecnologias**. Florianópolis: FUNJAB, 2014.

FRANCO, Alberto Silva. **Crimes hediondos**: uma alteração inútil. In: Boletim IBCCRIM n.16. São Paulo: 1994.

GOMES, Luiz Flávio. **Crime organizado**: que se entende por isso depois da Lei n° 10.217/01? Disponível em: <http://jus.com.br/artigos/2919>. Acesso em: 28 de junho de 2014.

HASSEMER, Winfried, Derecho penal simbólico y protección de bienes jurídicos. In: **Pena y estado**. Santiago: Editorial Jurídica Conosur, p. 23-36, 1995.

HIRECHE, Gamil Föppel El. **Análise criminológica das organizações criminosas**. Rio de Janeiro: Lumen Juris, 2005.

JESUS, Damásio de. **Código penal anotado**. 22 ed. São Paulo: Saraiva, 2014.

LIMA, Alberto Jorge Correia de Barros. **Direito penal constitucional**: a imposição dos princípios constitucionais penais. São Paulo: Saraiva, 2012.

MENDRONI, Marcelo Batlouni. **Comentários à lei de combate ao crime organizado**. São Paulo: Atlas, 2014.

NORONHA. Edgard Magalhães. **Direito penal**. V. 4, 17 ed. São Paulo: Editora Saraiva, 1986.

OLIVEIRA, Eugêni Pacelli de. **Curso de processo penal**. 10 ed. Rio de Janeiro: Lumen Juris, 2008.

PEREIRA, Rui. O "agente encoberto" na ordem jurídica portuguesa. In: CEJ, Centro de Estudos Judiciários. **Medidas de combate à criminalidade organizada e económico-financeira**, Coimbra: Coimbra Editora, 2004.

POSNER, Richard A. **Economic analysis of law**. Nova Iorque: Aspen Publishers, 2011.

RODRIGUES, Fillipe Azevedo. **Análise Econômica da Expansão do Direito Penal**. Belo Horizonte: Del Rey, 2014.

RODRIGUES, Fillipe Azevedo. **Crime organizado e a tutela penal do branqueamento de capitais**: um estudo crítico a partir do direito penal do bem jurídico.

Relatório (Doutoramento em Ciências Jurídico-Criminais). Faculdade de Direito da Universidade de Coimbra, Universidade de Coimbra, Coimbra, 2014.

ROXIN, Claus. O conceito de bem jurídico como padrão crítico da norma penal posto à prova. Trad. de Jorge de Figueiredo Dias. In: **Revista Portuguesa de Ciência Criminal**, Ano 23. Coimbra: Coimbra Editora, 2013.

SANCHES, J. L. Saldanha. Segredo bancário, segredo fiscal: uma perspectiva funcional. In: CEJ, Centro de Estudos Judiciários. **Medidas de combate à criminalidade organizada e económico-financeira**. Coimbra: Coimbra Editora, 2004.

SÁNCHEZ, Jesús-María Silva. **A expansão do direito penal: aspectos de política criminal nas sociedades pós-industriais**. 2 ed. Trad. Luiz Otavio de Oliveira Rocha. São Paulo: Editora Revista dos Tribunais, 2011.

SANTOS, Juarez Cirino dos. Crime organizado. In: **Revista Brasileira de Ciências Criminais**, ano 11, n.º 42, janeiro-março, São Paulo: Editora Revista dos Tribunais, 2003.

SILVA, Eduardo Araújo da. **Crime organizado**: procedimento probatório. São Paulo: Atlas, 2003.

TÁVORA, Nestor; ALENCAR, Rosmar Rodrigues. **Curso de direito processual penal**. 3 ed. Salvador: Jus Podium, 2009.

ZAFFARONI, Egenio Raúl. Crime organizado: uma categorização frustrada. In: Discursos **sediciosos**: crime, direito e sociedade. Ano 1, n.º 1, Rio de Janeiro: Relume Dumará, 1996.

3
O PAPEL DO ESTADO REGULADOR NO BRANQUEAMENTO DE CAPITAIS

3.1 INTRODUÇÃO

A intervenção do Direito Penal tendencialmente encontra-se numa relação de domínio face a outros ramos do Direito. Mas devemos igualmente ter em consideração a defesa dos direitos civis e a segurança dos cidadãos, o que nem sempre implica ter o direito penal como elemento central.

Na verdade, não é certamente pela intervenção penal que se consegue impedir a actividade criminosa. Não é através de normas penais cada vez mais restritivas, com molduras penais mais elevadas e consequentemente uma maior privação da liberdade, que se vai obter alguma eficácia na prevenção geral do problema. Todo o aparato legal que se cria em torno do direito penal, muito tem a ver com o estigma social que é gerado em torno dos cidadãos, no sentido de que para crimes violentos devem existir penas igualmente severas.

O que defendemos é que o crime deve ser combatido na sua verdadeira origem. O que significa criar mecanismos que dificultem a propensão para a actividade criminosa. No caso, criar fortes mecanismos adequados na luta da prevenção da criminalidade, não obstante, ter sempre presente que o direito penal terá sempre a última palavra no caso. O que significa que o direito penal tem uma intervenção subsidiária, de última ratio, de bens jurídicos dotados de dignidade penal.

Para uma melhor protecção dos bens jurídicos devem ser criados mecanismos preventivos, que condicionem de forma relevante determinadas práticas que, por sua vez, vão evitar a efectiva lesão desses bens jurídicos. A protecção da sociedade não se consegue exclusivamente através do direito penal. É defensável uma prevenção primária para que se consiga combater as origens do crime.

É neste contexto que surge a tutela administrativa. Se os órgãos da administração se concertarem na prevenção de práticas abusivas e lesivas dos interesses dos cidadãos e da comunidade vão concretizar um significativo entrave na prática de delitos. Desta forma garante-se uma maior compatibilidade entre os procedimentos adoptados e as garantias individuais, evitando a prática de ilícitos através de mecanismos de prevenção, nomeadamente de uma fiscalização de natureza puramente administrativa.

3.2 BRANQUEAMENTO DE CAPITAIS

3.2.1 Definição e origem de Branqueamento[1]

O branqueamento de capitais é uma realidade relativamente recente com muitos obstáculos por ultrapassar. Comecemos, desde logo, pela delimitação do seu conceito pois não existe unanimidade quer a nível nacional quer internacional relativamente à sua definição. Alguns autores salientam a ideia que o branqueamento de capitais se traduz num processo onde se procura dissimular a origem ilícita dos bens; outros, porém, acentuam a importância da integração desses capitais em actividades económicas lícitas (FERREIRA, 1999, p. 304). Ora, desde já se pode adiantar a problemática que surge em torno da questão do bem jurídico neste tipo de crime, uma vez que a sua definição não é sempre acentuada na mesma problemática (GODINHO, 2001, p. 37).

Na origem do branqueamento está a expressão inglesa *money-laundering* que terá sido utilizada por agentes da autoridade norte-americana no início dos anos 30. O que se verificava, então, era a existência de vários *gangsters* que utilizavam as próprias lavandarias de roupa para legitimar os lucros provenientes de actividades criminosas, uma vez que estas operavam com base em numerário.

O branqueamento é em muitos ordenamentos jurídicos definido como "lavagem" ou "reciclagem" (VARELA, 2006, p. 183). Qualquer um destes termos tem um poder muito sugestivo que se contrapõe ao que é sujo, escuro. Assim, qualquer uma das expressões "branqueamento", "lavagem" ou "reciclagem" invoca uma transformação ou falsificação da realidade, pelo que a sua função será tornar lícitos objectos que na realidade têm uma origem ilícita (SATULA, 2010, p. 77).

---

[1] Sobre as razões que fundamentaram a introdução deste crime no ordenamento jurídico português e os seus elementos constitutivos, cfr. a Exposição de Motivos da Proposta de Lei n.º 73/IX, DAR, II série-A, de 5 de junho de 2003 e o Relatório, Conclusões e Parecer da Comissão de Assuntos Constitucionais, Direitos, Liberdades e Garantias, DAR, II série-A, de 4 de outubro de 2003.

O Código Penal Português também salienta o branqueamento com o seguinte objectivo:

> *Quem converter, transferir, auxiliar ou facilitar alguma operação de conversão ou transferência de vantagens, com o fim de dissimular a sua origem ilícita, ou de evitar que o autor ou participante dessas infracções seja criminalmente perseguido ou submetido a uma reacção criminal, é punido com pena de prisão de dois a doze anos.*[2] (sublinhado nosso)

Não obstante, é fácil compreender que o fenómeno de branqueamento não se traduz num momento único, mas antes se verifica por um processo que comporta várias fases, constituindo uma multiplicidade de operações com o principal objectivo de legitimar a riqueza gerada em função da prática do crime subjacente e posteriormente reinvestir na actividade criminosa que o gerou. Isto vai originar novas fortunas que serão novamente branqueadas, gerando um círculo vicioso equiparado ao "ciclo da água".[3]

Assim, podemos distinguir fundamentalmente 3 fases no processo de branqueamento de capitais. Numa fase inicial, a colocação consiste na introdução do capital na actividade económica regular, ou na sua transferência para fora do país que a gerou. Posteriormente, dá-se a fase da circulação, onde se pretende uma dissociação dos fundos da respectiva origem, recorrendo a estruturas mais ou menos complexas de transacções financeiras que permitam ocultar ou apagar o rasto da proveniência dos bens ou fundos. Por fim, é necessária uma última fase para reintroduzir os fundos e capitais nos circuitos económicos e financeiros normais. Note-se que chegado a este momento, já se verificou o "branqueamento" dos capitais envolvidos, tratando-se "apenas!" de disponibilizar de novo no mercado os montantes que aparentam uma plena legalidade.[4]

3.2.2 Importância da Determinação do Bem Jurídico protegido

Importa desde logo clarificar o conceito de bem jurídico, no qual, pelas palavras de Jorge de Figueiredo Dias é definido *"como a expressão de um*

---

[2] Art. 368.ºA n.º 2 CP.

[3] Expressão utilizada por Jorge Manuel Vaz Monteiro Dias Duarte (2002, p. 39).

[4] Jorge Manuel Vaz Monteiro Dias Duarte (2002, p. 617) faz uma distinção entre branqueamento elementar, elaborado e sofisticado. O branqueamento elementar comporta valores de pequeno montante, normalmente apenas considerados para despesas de consumo corrente. O branqueamento elaborado já implica a reintrodução dos capitais em actividades legais, referindo-se já a montantes mais elevados. O branqueamento sofisticado tem envolvidos montantes bastante elevados, num período de tempo muito limitado. Nestes casos, para a justificação destes valores é quase sempre necessário o recurso aos mercados financeiros.

interesse, da pessoa ou da comunidade, na manutenção ou integridade de um certo estado, objecto em si mesmo socialmente relevante e por isso juridicamente reconhecido como valioso."[5]

A função do direito penal consiste na tutela subsidiária de bens jurídicos dotados de dignidade penal: bens jurídico-penais.[6] A própria CRP consagra, no seu art. 18.° n.° 2, o princípio jurídico-constitucional do "direito penal do bem jurídico", na medida em que este seja necessário, adequado e proporcional à protecção de determinado direito ou interesse constitucionalmente protegido.[7] Daqui decorre que o bem jurídico tem de ter uma relevância suficiente que justifique a ameaça da privação da liberdade em geral. Por mais importante que se revele o bem jurídico protegido, é necessário que a conduta seja suficientemente gravosa que justifique a intervenção do direito penal. Por isso importa a existência de um critério rigoroso de selecção de onde se possam excluir os bens jurídicos, ainda que devam ser juridicamente tutelados, não são de todo penalmente relevantes (SANTOS, 2000).

É o caso, por exemplo, dos bens jurídicos que não tendo tutela penal relevante, merecem cobro de outros ramos do Direito. O que se pretende é melhorar a tutela preventiva, através de mecanismos que não sejam privativos da liberdade, para que se possa "filtrar" a gravidade das actuações que efectivamente possam evoluir e vir a lesar bens jurídico-penais.

Assim sendo, a forma de actuação do Direito vai relevar conforme a importância do bem jurídico em causa. Se estiver em causa um bem jurídico-penal, então caberá ao Direito Penal a sua tutela. Se, por exemplo, estiver em causa um bem jurídico sem dignidade penal, mas com dignidade suficiente para lesar a ordem socioeconómica, por exemplo, deve entrar em acção a tutela do Direito Administrativo.

Em suma, devemos fazer uma análise prévia do bem jurídico que é posto em causa com a prática de determinada conduta.

Se a conduta lesar a administração da justiça, que corresponde a violação de um bem jurídico dotado de dignidade penal, justifica-se a

---

[5] Jorge de Figueiredo Dias (1998, p. 389) promove distinção entre o bem jurídico no plano da política criminal e ainda no plano dogmático. No primeiro caso, é a tutela dos bens jurídicos que vale para a função do direito penal e marca os limites da legitimidade da sua intervenção. No segundo, o critério do bem jurídico continuará a ser fundamento de uma interpretação teleológica.

[6] Sobre esse tema, consultar Jorge de Figueiredo Dias (2009, p. 31); Juliana Vieira Saraiva Madeiros (2006, p. 487); Claus Roxin (2013, p. 1-37).

[7] Sobre o enquadramento do princípio jurídico-constitucional do "direito penal do bem jurídico", ver Maria João Antunes (2012, p. 97).

intervenção da tutela penal e a possibilidade de privação da liberdade. Assim sendo caberá ao Direito Penal, e apenas a ele, a sua tutela repressiva pois todos os outros ramos de Direito já serão, nesta fase, manifestamente insuficientes.

Se, por outro lado, o bem jurídico em causa for a ordem socioeconómica, por não se tratar de um bem jurídico-penal, deverá procurar-se uma tutela preventiva em outros ramos do Direito, como no caso, no Direito Administrativo Sancionador.[8]

3.2.3 Qualificação do Bem Jurídico no Crime de Branqueamento de Capitais

Existe muita controvérsia em torno do bem jurídico protegido pelo crime de branqueamento de capitais.[9] Uns autores defendem que o crime de branqueamento de capitais tutela a ordem socioeconómica, na medida em que lesa a livre concorrência e a credibilidade e confiança nas instituições financeiras. Outros, pelo contrário, consideram que o bem jurídico tutelado é a administração da justiça.[10]

Vejamos detalhadamente de que forma pode o branqueamento interferir com a ordem socioeconómica e com a administração da justiça, para concluirmos pela consequente e necessária intervenção Estatal, em conjunto com a tutela Penal.

---

[8] Gamil Föppel el Hireche (2005, p. 142) define o Direito Sancionador como sendo "um meio-termo entre o Direito Penal e o Direito Administrativo. É um Direito Punitivo, com graves sanções, sem que, no entanto, exista privação da liberdade. Por outro lado (…) as sanções são duras: perda dos direitos políticos, proibição de contratar ou de ter vínculos com o Estado, elevadas multas de natureza pecuniária, enfim, não seria um Direito draconiano, mas um Direito Eficaz, sem que maculasse pela selectividade". Pelo contrário, Jorge de Figueiredo Dias (2001, p. 65) conclui no sentido de que "a dogmática penal deve evoluir, fornecendo ao aplicador critérios e instrumentos que não podem ser decerto os dos séculos passados como formas adequadas de resolver os problemas do século XXI; mas sem por isso ceder à tentação de 'dogmáticas alternativas' que podem, a todo o momento, volver-se em 'alternativas à dogmática' incompatíveis com a regra do Estado de direito e, como tal, democraticamente ilegítimas."

[9] Posição peculiar tem Günter Stratenwerth (2005, p. 87), na medida que entende que o branqueamento de capitais não visa a protecção de nenhum bem jurídico. Este crime dirige-se especialmente à criminalidade perigosa, através da organização de associações criminosas, contra a tentativa de encobrir valores obtidos de forma ilícita que vão limitar a intervenção das autoridades de investigação. Nesta sequência, entende o autor que o direito penal poderá ser aplicado em três hipóteses: quando estão em jogo valores patrimoniais provenientes de uma organização criminosa, quando estes valores provêm de crimes ou quando podiam ser objecto de apreensão pelos órgão de investigação criminal.

[10] Nesse sentido, conferir Luís Goes Pinheiro (2002, p. 641); Juliana Vieira Saraiva Medeiros (2006, p. 487); Lourenço Martins (1999, p. 453).

a) Bem jurídico: ordem socioeconómica

Se o bem jurídico tutelado é a ordem socioeconómica,[11] na medida em que lesa a livre concorrência e a credibilidade e confiança nas instituições financeiras, então o branqueamento de capitais ofende um bem jurídico colectivo ou supra individual porque tutela a pretensão estadual ao confisco das vantagens do crime.

Nas palavras de José de Faria Costa (1992, p. 65),

> (...) as grandes organizações criminais, ligadas aos mais diferentes sectores da actividade ilícita, designadamente o tráfico de drogas, são detentoras de uma tal disponibilidade de bens e de dinheiro que o reinvestimento de tais somas, provenientes de actividades criminosas e onde impera uma total liquidez, faz nascer desvios e condicionalismos no mercado financeiro, na medida em que pode levar ao controlo de um inteiro sector ou segmento da economia.

Comecemos por referir o bem jurídico que protege a livre concorrência. Os capitais para branqueamento não se movimentam segundo uma lógica de mercado, mas antes em função dos países com mais facilidade para dar entrada do capital, iludindo os controlos existentes. Uma vez que estes capitais são potenciados a um custo muito baixo, aquelas empresas que seriam beneficiadas teriam uma vantagem considerável relativamente às empresas com o financiamento a custos de mercado. Falamos em montantes consideráveis envolvidos nas operações de branqueamento que vão originar informação errada aos decisores económicos e distorções no mercado, subvertendo as regras do jogo, nomeadamente pelo reflexo nas taxas de câmbio e de juros, e pondo em causa o próprio desenvolvimento económico (FERREIRA, 1999, p. 312). Resumidamente, o dano em causa estaria na aplicação que seria feita pelo capital branqueado (BRANDÃO, 2002, p. 20).

É igualmente apontado, no âmbito da ordem socioeconómica, a credibilidade e confiança nas instituições financeiras, como bem jurídico no crime de branqueamento de capitais, considerando a reputação ou o bom nome do sistema financeiro. As instituições usadas para a realização de operações de branqueamento de capitais seriam susceptíveis de prejudicar a reputação das mesmas pela sua associação ao mundo da criminalidade. Por sua vez, os investidores honestos que prezam a transparência e o respeito

---

[11] Manuel Gonçalves (2012, p. 418) susntenta que "o branqueamento de capitais (...) visando a sua punição garantir a protecção de interesses económicos e financeiros, dos quais ressalva a sadia concorrência entre empresas e/ou pessoas singulares e evitar a contaminação de instituições financeiras que se querem credíveis e sólidas."

pelas regras e códigos de conduta definidos inevitavelmente iriam afastar-se. Tudo se reconduziria a uma mera questão de imagem das instituições financeiras, gerando uma cultura de corrupção vinda de dentro que iria impedir o desenvolvimento económico-social (BRANDÃO, 2002, p. 21).[12]

Poderíamos entender a ordem socioeconómica como o bem jurídico protegido na mera utilização de capitais de origem ilícita, mas nunca na base do crime de branqueamento de capitais. Este crime pode ser praticado e o dinheiro "branqueado" ser reintroduzido na actividade ilícita procedente, sem que com isso exista a necessidade de uma tutela penal da ordem socio-económica. Antes uma actuação preventiva, repressiva, num plano administrativo, do Estado Regulador.

A existência de controlo de determinadas operações económicas, bem como de esquemas de impostos às instituições financeiras com sanções apertadas no caso da sua violação, são procedimentos fulcrais para evitar a prática de condutas que possam estar na origem do subsequente crime de branqueamento. Importa uma actuação não como objecto directo de protecção, mas apenas para evitar que as operações referenciadas não sirvam de meio para a ofensa de outros bens jurídicos, não sejam um instrumento do crime, como sucede com o branqueamento (DIAS, 2012, p. 534).

b) Bem jurídico: administração da justiça

É necessário recuar à origem da criminalização do crime de branqueamento e seu principal objectivo. Na realidade, com a crescente expansão da globalização é muito fácil colocar os proventos do crime longe do alcance das autoridades, dissimulando a sua origem. Por este motivo, o objectivo da tipificação do crime de branqueamento reside no facto de se pretender uma maior eficácia no combate a determinadas formas de criminalidade, nomeadamente as mais gravosas.

Jorge Godinho (2001, p. 131) sublinha que o branqueamento de capitais não se apresenta como uma forma de protecção da economia, mas antes uma forma de evitar que a apreensão dos bens de origem ilícita se torne impossível, tendo em consideração a modernização dos circuitos económico-financeiros actuais, que permitem ocultar ou dissimular a proveniência dos

---

[12] Lourenço Martins (1999, p. 453) entende que "ao crime denominado de branqueamento de capitais subjaz essencialmente a protecção de interesses económicos e financeiros nos quais sobrelevam a preservação de uma sadia concorrência entre empresas e pessoas singulares, que sairiam de todo desvirtuadas pela circulação de capitais ilícitos, assim como a não contaminação das instituições financeiras que em qualquer Estado se querem credíveis e sólidas."

bens, colocando-os fora do alcance das autoridades e com isso, retirando-lhes eficácia na sua actuação.

Acrescenta o autor (GODINHO, 201, p. 995),

> O tipo de crime de branqueamento de capitais deve ser formulado a partir do seu núcleo intencional, o resultado a que se dirige: a dissimulação da origem ilícita. O crime não deve ser centrado na descrição de operações materiais de conversão ou transferência de fundos, ou quaisquer outras operações ou transacções financeiras: não só a descrição teria de ser longa e ampla como na verdade não é essa a melhor perspectiva. Esta não capta a ilicitude característica, que não consiste meramente em movimentar fundos ou executar quaisquer outros actos da vida cotidiana de cariz económico-financeiro, mas sim em fazê-lo apenas e só quando essas condutas se dirigem a uma certa específica finalidade que tem que ver com a frustração do exercício da justiça.

Manuel Gonçalves (2012, p. 418-419) defende a dualidade do bem jurídico protegido no crime de branqueamento de capitais. Para além da protecção de interesses económicos e financeiros mencionados supra, entende que se deve considerar de igual forma:

> (…) a protecção da administração da justiça, uma vez que se torna incapaz de perseguir os responsáveis pelos crimes subjacentes em face da actuação do branqueador, desincentivando-se a prática dos crimes primários, consequência da perda alargada prevista em legislação própria.

O mesmo autor (GONÇALVES, 2012, p. 419) acrescenta ainda que "com a colocação do dinheiro em contas e sua circulação em inúmeras transacções internacionais visa-se apagar o rasto do mesmo e da sua origem, permitindo o seu investimento, quer na aquisição de bens, quer na aquisição de serviços."

Também Jorge Duarte (2002, p. 91) entende que a tutela do branqueamento se identifica com a tutela de dois bens jurídicos. No domínio da ordem socioeconómica identifica como principais finalidades assegurar o normal funcionamento das estruturas do próprio Estado, assegurar o regular funcionamento das actividades comerciais e financeiras legítimas e assegurar a defesa da própria sociedade de uma forma de criminalidade que ameaça sensivelmente os próprios alicerces e estruturas base dessa mesma sociedade. Salienta em paralelo a administração da justiça como tutela do crime de branqueamento na medida que este crime é objecto de mecanismos que prejudicam gravemente a administração da justiça na investigação, identificação e punição dos agentes do crime precedente.

Finalizamos o nosso raciocínio defendendo a posição do legislador português que tipificou o crime de branqueamento no seu artigo 369.º A com a 16.º reforma ao CP. O crime encontra-se inserido na Parte Especial do CP no Capítulo III – Dos crimes contra a realização da justiça, do Título V – Dos crimes contra o Estado.

Somos da opinião que na determinação do bem jurídico seja fundamental ter em consideração a letra da lei pelo que consideramos que o bem jurídico digno de tutela penal é a administração (realização) da justiça. Não obstante, como vimos, a ordem socioeconómica assume um papel fundamental pelo que deverá ser alvo de regulamentação, ainda que no âmbito da tutela Estadual.

3.3 A FUNÇÃO DO ESTADO REGULADOR NO BRANQUEAMENTO

3.3.1 A função do Estado Regulador

É da competência do Estado regulamentar juridicamente o funcionamento da economia e do mercado e proteger bens públicos, como por exemplo os serviços de interesse económico geral.

Ainda que não caiba ao Estado a obrigação de produção desses bens públicos, ele tem a incumbência não apenas de facilitar o funcionamento do mercado, mas também, e em especial, de corrigir o mercado. Conforme Pedro Costa Gonçalves (2003, p. 13) "o direito da regulação do Estado de garantia não é, pois, um 'facilitativelaw', mas, antes, um 'marketcorrectinglaw'." Na verdade, representa uma actividade regulatória com iniciativa estadual que conjuga iniciativas que fomentam a actividade económica de uma forma harmonizada, corrigindo e sancionando práticas que prejudiquem a economia.

Incumbe ao Estado Administrativo de Garantia a função de regulador, impondo regras de conduta aos operadores económicos que prestam serviços de interesse público geral, portanto um Estado Regulador e de Garantia. No entanto, não é necessariamente uma relação linear entre o regulador e o regulado. Trata-se antes de uma relação tripartida entre o regulador, as empresas e os cidadãos (ou empresas), conforme os destinatários dos serviços e bens em causa. Nesta relação tripartida repartiremos a função regulatória em dois grandes pilares: o Estado e o Mercado. O Estado, conforme vimos, enquanto agente administrativo, regulador da actividade económica; o Mercado, enquanto actividade económica onde se estabelecem relações entre empresas ou entre estas e os particulares.

Flora Pinotti Sano (2008, p. 15) classifica as funções do regulador em supervisão, fiscalização e regulação propriamente dita. Escreve ainda a autora, conforme as directrizes estabelecidas pela IOSCO[13], que não existe uma estrutura ideal para a autoridade reguladora. O principal objetivo é alcançar as metas propostas, independentemente da estrutura organizacional que seja estabelecida, desde que em pleno respeito pelos princípios estabelecidos. A IOSCO define cinco princípios fundamentais que devem ser respeitados pelo regulador (SANO, 2008, p. 16):

> 1. as responsabilidades do regulador devem ser estabelecidas de forma clara e objetiva;

> 2. o regulador deve ser operacionalmente independente, prestar informações e ser responsivo quanto ao exercício de suas funções e poderes (accountability);

> 3. o regulador deve ter poderes adequados, recursos apropriados e a capacidade de desempenhar suas funções e exercer seus poderes;

> 4. no exercício de suas atribuições, o regulador deve adotar procedimentos claros e consistentes; e

> 5. os membros que compõem a estrutura responsável pela regulação devem observar os mais elevados padrões profissionais, inclusive de confidencialidade.

Importa relevar que para implementar esses princípios tem de se ter em consideração as especificidades de cada jurisdição e o grau de desenvolvimento do mercado de capitais em questão.

Ana Raquel Gonçalves Moniz (2003) sublinha os entraves que estão associados à actividade administrativa do regulador uma vez que estão envolvidas actividades de diversas áreas, afectando várias relações jurídicas, ainda que todas sejam dirigidas à supervisão do mercado.

3.3.2 A Importância do Estado Regulador no Branqueamento de Capitais

O Branqueamento de Capitais é uma prática que, quando lesa a ordem socioeconómica, lesa um bem jurídico sem alto potencial ofensivo, logo desmerecedor de tutela penal. No entanto, é um bem jurídico suficientemente relevante para ser digno de tutela administrativa no âmbito desta actuação

---

[13] Organização Internacional das Comissões de Valores que regula o mercado de valores mobiliários. Os seus membros são, por norma, a Comissão de Valores Mobiliários ou o principal regulador financeiro de cada país.

regulatória do Estado, uma vez que é uma conduta que lesa e interfere de forma directa com a actividade económica. Quanto maior for a prática de Branqueamento, maior será o seu impacto no mercado, o que exige a prevenção destas condutas na esfera da regulação que terá uma intervenção estatal menos rigorosa que o Direito Penal.

A Constituição da República Portuguesa, no seu artigo 81.º determina quais as incumbências prioritárias do Estado no âmbito económico e social, assegurando, entre outras, " (…) o funcionamento eficiente dos mercados, de modo a garantir a equilibrada concorrência entre as empresas, a contrariar as formas de organização monopolistas e a reprimir os abusos de posição dominante e outras práticas lesivas do interesse geral" (MOREIRA e CANOTILHO, 2007, p. 964).

> A tarefa de assegurar o funcionamento eficiente dos mercados (…), constitui a principal componente de uma economia de mercado (…), um dos princípios essenciais da ordem jurídica comunitária (TCE arts. 86º e ss.). Os objectivos principais são a proibição das práticas restritivas da concorrência (a começar pelos cartéis) e a reprimir os abusos de posição dominante, bem como a impedir preventivamente, nas operações de concentração, a criação de situações de posição dominante que possam pôr em risco a concorrência (e não as posições dominantes em si mesmas). Note-se que o preceito constitucional refere em geral todas as empresas, sem excluir as empresas públicas. De facto, se a constituição económica garante a existência de um sector público mais ou menos extenso, ela impede, contudo, que, em geral, as empresas que fazem parte do sector público empresarial sejam favorecidas pelo Estado relativamente às suas concorrentes de outros sectores.

A intervenção do Estado pode ocorrer de forma directa ou indirecta. No primeiro caso, a produção de utilidades económicas é feita através de órgãos estatais que controlam os respectivos meios (HAMMERCHMIDT, 2002). A actuação indirecta do Estado sucede com a criação de normas que afectam o âmbito de actuação dos agentes económicos (SILVA, 2005, p. 184).

Um exemplo da intervenção estadual no âmbito do branqueamento vem expressamente definido no Código dos Contratos Públicos[14] que impede, segundo as regras de participação na contratação pública, que sejam candidatos, concorrentes ou integrantes de qualquer agrupamento, as entidades que:

---

[14] Aprovado pelo DL n.º 18/2008, de 29 de Janeiro, alterado pelos seguintes diplomas: Lei 59/2008, de 11 de setembro; DL 223/2009, de 11 de setembro; DL 278/2009, de 2 de outubro; Lei 3/2010, de 27 de abril; DL 131/2010, de 14 de dezembro; Lei 64-B/2011, de 30 de dezembro; DL 149/2012, de 12 de julho.

"Tenham sido condenadas por sentença transitada em julgado por algum dos seguintes crimes, se entretanto não tiver ocorrido a sua reabilitação, no caso de se tratar de pessoas singulares, ou, no caso de se tratar de pessoas colectivas, tenham sido condenados pelos mesmos crimes os titulares dos órgãos sociais de administração, direcção ou gerência das mesmas e estes se encontrem em efectividade de funções, se entretanto não tiver ocorrido a sua reabilitação:

(...) Branqueamento de capitais, na acepção do artigo 1.º da Directiva n.º 91/308/CEE, do Conselho, de 10 de Junho, relativa à prevenção da utilização do sistema financeiro para efeitos de branqueamento de capitais."[15]

3.3.3 *Evolução Legislativa referente ao Branqueamento*

A intervenção Estadual referente ao branqueamento de capitais é recente em Portugal. No entanto, cumpre fazer referência à sua evolução, para melhor compreender a sua origem e o seu âmbito de aplicação actual.

O primeiro diploma a surgir foi o DL n.º 15/93, de 22 de janeiro, no seguimento da Convenção da ONU contra o Tráfico Ilícito de Estupefacientes e de Substâncias Psicotrópicas, de 1988. A transposição desta Convenção para o direito interno tornou-se necessária, sob pena de aquelas medidas consagradas não serem exequíveis sem mediação legislativa.

O DL n.º 313/93, de 15 de Setembro, transpõe para a ordem jurídica interna a Dir. 91/308/CEE, do Conselho, de 10 de junho, relativa à prevenção da utilização do sistema financeiro para efeitos de branqueamento de capitais.

Por sua vez, o DL n.º 325/95, de 2 de dezembro, veio complementar a transposição da referida Dir. 91/308/CEE, do Conselho, de 10 de junho, ampliando a criminalidade precedente ao crime de branqueamento de capitais, que até então se limitava aos negócios ilícitos da droga, e estendendo ainda a prevenção desta criminalidade, não só no âmbito das instituições de crédito, como também pelas sociedades financeiras, empresas seguradoras e sociedades gestoras de fundos de pensões.

A Lei n.º 11/2004, de 27 de Março, sobre o regime de prevenção e repressão do branqueamento de vantagens de proveniência ilícita, precede ao aditamento do artigo 368.ºA CP – "Branqueamento".

A Lei n.º 25/2008, de 5 de junho[16], transpõe para o direito interno a Dir. 2005/60/CE, do Parlamento Europeu e do Conselho, de 26 de outubro e

---

[15] Art. 55.º al. i), iv), do Código dos Contratos Públicos.
[16] Esta Lei foi rectificada pela Declaração de Rectificação n.º 41/2008, de 4 de Agosto e alterada pela Lei n.º 46/2011, de 24 de Junho que cria o tribunal de competência especializada para propriedade

a Dir. 2006/70/CE, da Comissão, de 1 de agosto, e estabelece medidas de combate ao branqueamento de vantagens de proveniência ilícita e ao financiamento do terrorismo.

3.4 A INTERVENÇÃO DO ESTADO NO BRANQUEAMENTO: LEI 25/2008, DE 5 DE JUNHO

3.4.1 Disposições Gerais

A Lei 25/2008, de 5 de junho, é fruto da transposição das Directivas n.os 2005/60/CE, do Parlamento Europeu e do Conselho, de 26 de outubro e 2006/70/CE, da Comissão, de 1º de agosto. A primeira é referente à prevenção da utilização do sistema financeiro para efeitos de branqueamento de capitais e de financiamento do terrorismo. A segunda, veio determinar medidas de execução da primeira, nomeadamente através da definição de "pessoa politicamente exposta" e da criação de procedimentos simplificados de vigilância da clientela e para efeitos de isenção com base numa actividade financeira desenvolvida de forma ocasional.

Pela ligação directa deste diploma com a actuação das entidades sujeitas no combate ao branqueamento, falaremos sucintamente sobre ela, para melhor compreender de que forma a intervenção Estadual intervém nesta prevenção.

3.4.2 Conceitos e Âmbito de Aplicação

Não obstante o branqueamento e o financiamento do terrorismo serem condutas proibidas e punidas no âmbito da legislação penal, são igualmente estabelecidas medidas de natureza preventiva e repressiva através da intervenção estadual.

Para uma maior transparência e aplicação da Lei, são definidos conceitos relevantes, como sejam: entidades sujeitas, relação de negócio, transacção ocasional, centros de interesses colectivos sem personalidade jurídica, beneficiário efectivo, pessoas politicamente expostas, banco de fachada, país terceiro equivalente, prestadores de serviços a sociedades e Unidade de Informação Financeira.[17]

---

intelectual e o tribunal de competência especializada para a concorrência, regulação e supervisão (altera o artigo 57.º).

[17] Artigo 2.º, Lei 25/2008, de 5 de junho.

As medidas preventivas e repressivas referidas são direccionadas a entidades financeiras e a entidades não financeiras. O legislador delimitou exaustivamente umas e outras. No primeiro caso, fala, por exemplo, em instituições de crédito, empresas de investimento ou outras sociedades financeiras, nomeadamente, sociedades gestoras de fundos de pensões, de titularização de créditos, de consultoria para investimento, entre outras.[18] No que diz respeito às entidades não financeiras, fala nomeadamente em concessionários de exploração de jogo em casinos, mediadores imobiliários, comerciantes que transaccionem bens de valor superior a 15.000 €, revisores oficiais de contas, notários, advogados, entre outros, conforme critérios estabelecidos no art. 4.º. Um ponto comum é que ambas as entidades devam ter sede ou pelo menos sucursal em território português ou o exercício da sua actividade em Portugal.

3.4.3 Deveres das Entidades Sujeitas

3.4.3.1 Deveres Gerais

As entidades alvo da presente Lei estão obrigadas ao cumprimento de deveres gerais no exercício da sua actividade específica. São eles: dever de identificação, dever de diligência, dever de recusa, dever de conservação, dever de exame, dever de comunicação, dever de abstenção, dever de colaboração, dever de segredo, dever de controlo e dever de formação.[19]

a) Dever de identificação[20]

As entidades alvo da presente lei devem exigir e verificar a identidade dos seus clientes ou representantes sempre que entre eles sejam estabelecidas relações de negócio. Não podem, por exemplo, efectuar qualquer transacção sob anonimato.

No caso de se realizarem transacções ocasionais de montante igual ou superior a 15.000 €, ainda que o total seja resultado de várias operações intercaladas no tempo, este dever deve ser igualmente verificado. Importa sublinhar que apenas existe este dever de identificação para as transacções que não sejam habituais naquele cliente, pois a actividade profissional que ele desenvolve pode já englobar transacções destes valores elevados, sem que com isso seja necessário verificar-se este dever.

---

[18] Artigo 3.º, Lei 25/2008, de 5 de junho.
[19] Ver artigos 6.º e ss, da Lei 25/2008, de 25 de junho.
[20] Ver artigos 7.º e 8.º da Lei 25/2008, de 25 de junho.

Em qualquer caso e independentemente do valor, se a entidade suspeitar que os clientes efectuam operações relacionadas com o branqueamento ou financiamento do terrorismo, devem igualmente fazer cumprir este dever de identificação dos seus clientes. Assim como no caso de existirem dúvidas sobre a identificação apresentada.

O dever de identificação deve ter lugar no momento da relação negocial ou antes de qualquer transacção ocasional, salvo em casos excepcionais de branqueamento ou de financiamento do terrorismo que mostra indispensável, para a execução da operação, a verificação da identidade após o início da relação, mas no prazo mais curto possível.

b) Dever de Diligência[21]

Paralelamente ao dever de identificação mencionado, as entidades devem igualmente obter informações referentes à estrutura de propriedade e de controlo do cliente, quando esteja em causa uma pessoa colectiva ou um centro de interesses colectivos sem personalidade jurídica, bem como sobre a finalidade e natureza pretendida com a relação de negócio.

Sempre que o perfil de risco do cliente ou as características da operação justifiquem, a entidade deve igualmente determinar a origem e destino dos fundos movimentados, mantendo sempre um acompanhamento contínuo da relação de negócio por forma a assegurar que as transacções sejam conformes com as actividades desenvolvidas pelo cliente e o seu grau de risco.

Estes procedimentos devem ser aplicados indistintamente aos clientes novos ou aos já existentes, em função do grau de risco associado, à relação de negócio, ao produto, à transacção e à origem ou destino dos fundos, pelo que as entidades devem estar em condições de adequação destes procedimentos, a todo o tempo, bem como manter actualizados os elementos de informação recolhidos.

O legislador fez distinção entre o dever de diligência simplificado e reforçado. No primeiro caso, as entidades ficam dispensadas, em determinadas circunstâncias, do cumprimento dos deveres de identificação e diligência. No entanto, nunca em caso algum se pretende a dispensa destes deveres quando existam suspeitas de branqueamento ou de financiamento do terrorismo. Já no segundo caso, o dever de diligência reforçado importa precisamente uma atenção acrescida e um reforço das medidas de diligência a ter em conta face a esses clientes. Assim sucede igualmente nos

---

[21] Ver artigos 9.º a 12.º da Lei 25/2008, de 25 de junho.

casos de operações realizadas à distância, em especial das que possam favorecer o anonimato, às operações efectuadas com pessoas politicamente expostas que residam fora do território nacional, às operações de correspondência bancária com instituições de crédito estabelecidas em países terceiros e a quaisquer outras designadas pelas autoridades de supervisão ou fiscalização.[22]

c) Dever de Recusa[23]

Sempre que forem recusadas informações no âmbito do cumprimento do dever de identificação ou diligência as entidades devem recusar operações em contas bancárias, iniciar relações de negócio ou realizar qualquer transacção comercial. Não obstante, devem igualmente analisar as circunstâncias que determinaram a recusa e ainda, se houver suspeita da prática de um crime de branqueamento ou de financiamento do terrorismo, comunicar esse facto às entidades competentes.

d) Dever de Conservação[24]

Todas as cópias de documentos recolhidos pelas entidades, no respeito pelo cumprimento dos deveres gerais, devem ser conservadas por um período mínimo de 7 anos, contados a partir do momento em que foi processada a identificação, ou logo após o termo das relações de negócio. Os documentos originais ou quaisquer suportes duradouros de idêntica força probatória, devem ser sempre conservados para a possibilidade de reconstituição da operação, durante um período de 7 anos contados da sua execução, ainda que se insiram numa relação de negócio e esta já tenha terminado.

e) Dever de Exame[25]

O dever de exame vem relevar em especial o dever de diligência reforçado pois implica uma análise detalhada, ainda que sem suporte documental que confirme a suspeita, de qualquer conduta, actividade ou operação cujos

---

[22] No caso de uma pessoa politicamente exposta, ou seja, uma pessoa singular que desempenhe, ou tenha desempenhado até há um ano, um alto cargo de natureza política ou pública, bem como os membros próximos da sua família e pessoas que reconhecidamente tenham com elas estreitas relações de natureza societária ou comercial, deixar essa qualidade, continua sempre a existir o dever de diligência reforçado, sempre que permaneça o risco acrescido de branqueamento ou de financiamento do terrorismo, devido ao seu perfil ou à natureza das operações desenvolvidas. Artigos 2.º n.º 6 e 12.º n.º 5, da Lei 25/2008, de 5 de junho.

[23] Artigo 13.º da Lei 25/2008, de 25 de junho.

[24] Artigo 14.º da Lei 25/2008, de 5 de junho.

[25] Artigo 15.º da Lei 25/2008, de 5 de junho.

elementos a tornem especialmente susceptível de poder estar relacionada com o branqueamento ou o financiamento do terrorismo. A lei determina alguns elementos caracterizadores destas condutas, não obstante a suspeita ser evidenciada à luz dos critérios de diligência exigíveis a um profissional. Estes resultados devem ser reduzidos a escrito, conservados por um período de pelo menos 5 anos e devem igualmente estar ao dispor dos auditores, caso existam, e das entidades de supervisão e fiscalização.

f) Dever de Comunicação[26]

O Procurador-Geral da República e a Unidade de Informação Financeira devem ser imediatamente informados sempre que exista suspeita de que teve lugar ou está em curso uma acção ou tentativa de prática de crime de branqueamento ou de financiamento do terrorismo. Todas as informações são reservadas exclusivamente ao processo penal, salvaguardando sempre a identidade de quem as forneceu.

g) Dever de Abstenção[27]

Sempre que exista suspeita da prática do crime de branqueamento ou financiamento do terrorismo, as entidades devem abster-se de executar qualquer operação e comunicar tal circunstância ao Procurador-Geral da República e à Unidade de Informação Financeira. No entanto, não basta que o Procurador-Geral da República determine a suspensão, esta tem igualmente de ser confirmada pelo juiz de instrução criminal no prazo de dois dias úteis, contados a partir da comunicação da entidade, caso contrário, a operação poderá ser realizada.

Se a abstenção não for possível ou for prejudicial à prevenção ou futura investigação do branqueamento ou do financiamento do terrorismo, a operação poderá ser realizada desde que a entidade forneça as informações respeitantes à operação ao Procurador-Geral da República e à Unidade de Informação Financeira.

h) Dever de Colaboração[28]

O acesso directo às informações, documentos ou registos tem de ser garantido, no respeito de uma plena colaboração com o Procurador-Geral da República, com a Unidade de Informação Financeira, com a autoridade

---

[26] Artigo 16.º da Lei 25/2008, de 5 de junho.
[27] Artigo 17.º da Lei 25/2008, de 5 de junho.
[28] Artigo 18.º da Lei 25/2008, de 5 de junho.

judiciária responsável pela direcção do inquérito ou com as autoridades competentes para a fiscalização do cumprimento dos deveres previstos nesta Lei, consoante as respectivas competências legais.

i) Dever de Segredo[29]

As entidades não podem informar os seus clientes ou terceiros que transmitiram as comunicações legalmente devidas ou que decorre uma investigação criminal, sob pena de violação do dever de segredo imposto às mesmas. No entanto, ressalvam-se algumas excepções ao dever de segredo que cumpre identificar.

A primeira excepção assinalada, em que a divulgação de informações legalmente devidas pelas entidades não constitui violação do dever de segredo, caberá às autoridades de supervisão e fiscalização, incluindo os organismos de regulação profissional das actividades ou profissões igualmente sujeitas a esta Lei. O dever de segredo também pode ser quebrado para efeitos de prevenção do branqueamento e do financiamento do terrorismo, entre instituições que integrem o mesmo grupo empresarial ou entre revisores oficiais de contas, técnicos oficiais de contas, auditores externos, consultores fiscais, notários, conservadores de registos, advogados, solicitadores e outros profissionais independentes que se encontrem estabelecidos em Estados Membros ou países terceiros equivalentes em matéria de prevenção de branqueamento e de financiamento do terrorismo. Estas últimas entidades podem igualmente trocar informações entre si desde que digam respeito a uma relação negocial comum, relativa ao mesmo cliente, com o propósito exclusivo de prevenir o branqueamento e financiamento do terrorismo.

Pela importância do que está em causa, no caso a possibilidade de existência de suspeita de prática do crime de branqueamento ou do financiamento do terrorismo, as comunicações efectuadas de boa fé pelas entidades no cumprimento e no estrito âmbito dos deveres de comunicação, abstenção e colaboração, não constituem violação de qualquer dever de segredo nem implicam qualquer tipo de responsabilidade. Por outro lado, quem revelar ou facilitar a descoberta da identidade de quem forneceu as informações, ainda que com mera negligência, é punido com pena de prisão até três anos ou com pena de multa.

j) Dever de Controlo[30]

Com o principal objectivo de prevenção do branqueamento e financiamento do terrorismo, o dever de controlo impõe às entidades definição e

---

[29] Artigos 19.º e 20.º da Lei 25/2008, de 5 de junho.
[30] Artigo 21.º da Lei 25/2008, de 5 de junho.

aplicação de políticas e procedimentos internos que sejam adequados aos deveres impostos pela presente Lei, nomeadamente no que diz respeito ao controlo interno, avaliação e gestão de risco e de auditoria interna.

e) Dever de Formação[31]

Da mesma forma, as entidades devem assegurar aos seus colaboradores, com funções determinantes para a prevenção do branqueamento e financiamento do terrorismo, formação adequada relativamente às obrigações impostas por Lei no que diz respeito a esta matéria, nomeadamente através de programas específicos e regulares adequados a cada sector de actividade.

3.4.3.2 Deveres Específicos

a) Entidades Financeiras[32]

Independentemente da obrigação às entidades financeiras dos deveres gerais enunciados existem alguns deveres específicos que também lhes competem exclusivamente. No cumprimento dos deveres de identificação e diligência as entidades financeiras, com excepção das agências de câmbio, estão autorizadas, em determinadas situações, à intervenção de uma entidade terceira que fica responsável pelo exacto cumprimento desses deveres.

À semelhança do dever de diligência simplificado, também se prevê um dever específico de diligência simplificado, que dispensa as entidades do cumprimento dos deveres de identificação e diligência salvo em caso de suspeitas de branqueamento ou de financiamento do terrorismo. Já no dever específico de diligência reforçado, a lei prevê que as instituições de crédito apliquem medidas mais enfáticas de diligência relativamente às relações transfronteiriças de correspondência bancária com instituições estabelecidas em países terceiros, obtendo informação suficiente para compreender a actividade por elas desenvolvida, a sua reputação e características da respectiva supervisão.

Existe um dever específico de comunicação, determinado pelas autoridades de supervisão, ao Procurador-Geral da República e à Unidade de Informação Financeira, para as operações que revelem especial risco de branqueamento ou de financiamento do terrorismo que estejam relacionadas com um país sujeito a contramedidas adicionais impostas pelo Conselho da União Europeia, com montantes iguais ou superiores a 5.000 €. Da mesma forma, as

---

[31] Artigo 22.º da Lei 25/2008, de 5 de junho.
[32] Artigos 23.º a 30.º da Lei 25/2008, de 5 de junho.

entidades financeiras devem assegurar mecanismos eficientes para uma resposta célere e eficaz aos pedidos de informação prestados pelo Procurador-Geral da República, pela Unidade de Informação Financeira ou pelas autoridades judiciárias competentes, no cumprimento do dever específico de colaboração.

b) Entidades não Financeiras[33]

No que diz respeito às entidades não financeiras, estão igualmente obrigadas aos deveres gerais mencionados. Não obstante as normas regulamentares do âmbito do respectivo sector de actividade ou das autoridades de fiscalização competentes, cabe-lhes ainda algumas especificidades mais rigorosas em função da sua natureza.

Por exemplo, os concessionários de exploração de jogo em casinos devem identificar e verificar a identidade dos frequentadores logo à entrada da sala de jogo ou quando adquirirem ou trocarem fichas de jogo num montante total igual ou superior a 2.000 €, estando ainda sujeitos a outros procedimentos, nomeadamente, no que diz respeito ao pagamento dos respectivos prémios.

As entidades pagadoras de prémios de apostas ou lotarias, por sua vez, devem proceder à identificação e verificação de identidade do beneficiário do pagamento, sempre que efectuem pagamentos de montante igual ou superior a 5.000 €.

As entidades com actividades imobiliárias devem comunicar, ao Instituto da Construção e do Imobiliário, I.P., a data de início da actividade de mediação imobiliária acompanhada do código de acesso à certidão permanente do registo comercial, bem como proceder ao envio semestral de dados específicos sobre cada transacção que seja efectuada.

O dever de comunicação dos Advogados e Solicitadores de operações suspeitas cabe, respectivamente, ao bastonário da Ordem dos Advogados e ao presidente da Câmara dos Solicitadores, restando a estas entidades o envio imediato da informação directamente ao Procurador-Geral da República e à Unidade de Informação Financeira. No entanto, as informações obtidas no seguimento de uma avaliação jurídica do cliente, no âmbito, por exemplo, de uma consulta jurídica, não são abrangidas por este dever geral de comunicação.

Por último, importa referir o dever específico de formação no âmbito das entidades não financeiras, no caso de um trabalhador, pessoa singular,

---

[33] Artigos 31.º a 37.º da Lei 25/2008, de 5 de junho.

O PAPEL DO ESTADO REGULADOR NO BRANQUEAMENTO DE CAPITAIS | 91

exercer a sua actividade profissional por conta de uma pessoa colectiva. Nestes casos, é à pessoa colectiva a quem cabe o dever específico de formação.

c) Supervisão e Fiscalização[34]

A fiscalização para o cumprimento da presente Lei em análise, no caso das entidades financeiras, compete ao Banco de Portugal, à Comissão do Mercado de Valores Mobiliários, ao Instituto de Seguros de Portugal ou ao ministro responsável pela área das finanças, em relação ao Instituto de Gestão da Tesouraria e do Crédito Público, I.P.

No caso das entidades não financeiras, a fiscalização poderá ser da competência de autoridades diversas, conforme a entidade em causa. Poderá ser chamado a fiscalizar o Serviço de Inspecção de Jogos do Turismo de Portugal, I.P., o Instituto da Construção e do Imobiliário, I.P., a Autoridade de Segurança Alimentar e Económica, a Ordem dos Revisores Oficiais de Contas, a Câmara dos Técnicos Oficiais de Contas, o Instituto dos Registos e do Notariado, I.P., a Ordem dos Advogados ou a Câmara dos Solicitadores.

É da competência das autoridades de supervisão e de fiscalização a regulamentação das condições do exercício, mecanismos e formalidades de aplicação para o cumprimento dos deveres das entidades sujeitas, sempre com respeito pelos princípios da legalidade, necessidade, adequação e proporcionalidade. Compete-lhes também fiscalizar o cumprimento das normas constantes nesta Lei, instaurar e instruir os respectivos processos contra-ordenacionais, aplicando ou propondo a aplicação de sanções.

O dever de comunicação também cabe a estas autoridades, caso tenham conhecimento ou suspeita da prática do crime de branqueamento ou de financiamento do terrorismo e a comunicação não tenha ainda sido realizada. Este dever é extensivo às autoridades responsáveis pela supervisão das sociedades gestoras de mercados de valores mobiliários, das sociedades gestoras de sistemas de liquidação e de sistemas centralizados de valores mobiliários e das sociedades gestoras de mercados de câmbios.

d) Regime Contra-Ordenacional e Infracções Disciplinares[35]

A presente Lei estabelece os critérios gerais do regime contra-ordenacional, nomeadamente a responsabilidade pela prática de contra-ordenações, o prazo de prescrição, o destino das coimas e responsabilidade pelo seu pagamento, sendo de aplicação subsidiária o regime geral das contra-ordenações.

---

[34] Artigos 38.º a 40.º da Lei 25/2008, de 5 de junho.
[35] Artigos 45.º e ss. da Lei 25/2008, de 5 de junho.

Taxativamentesão descritas todas as condutas que constituem contra-ordenações. Neste ponto podemos considerar a importância do cumprimento dos deverês gerais e específicos que cabem às entidades sujeitas pois a violação desses deveres acarreta coimas de elevado valor. Por exemplo, no caso das entidades financeiras, podem variar entre 25.000 € e 2.500.000 € ou entre 12.500 € e 1.250.000 €, conforme esteja em causa o seu agente: pessoa colectiva no primeiro caso, pessoa singular, no segundo. Já quanto às entidades não financeiras, as coimas podem variar entre 5.000 € e 500.000 €, se o agente for uma pessoa colectiva e entre 2.500 € e 250.000 €, se for uma pessoa singular. Não obstante o valor das coimas, podem igualmente e em simultâneo, ser aplicadas sanções acessórias como por exemplo a interdição, inibição ou publicação da punição definitiva.

A excepção é feita para os advogados e solicitadores que estão abrangidos pelo regime das infracções disciplinares cuja competência cabe, então, à Ordem dos Advogados ou à Câmara dos Solicitadores, respectivamente, mediante abertura de procedimento disciplinar, de acordo com os respectivos estatutos. Em ambos os casos as penas disciplinares aplicáveis podem variar, consoante a gravidade da infracção, entre multa que pode ir entre 2.500 € a 250.000 €, suspensão até dois anos, suspensão por mais de dois anos e até dez anos ou expulsão.

3.5 CONCLUSÃO

Apesar de se tratar de uma realidade muito recente, o Branqueamento de Capitais interfere com várias realidades e tem ainda muitos obstáculos para vencer.

Partindo da definição do fenómeno de Branqueamento de Capitais, podemos analisar as interpretações que são feitas e determinar qual ou quais o(s) bem(s) jurídico(s) alcançados com a conduta. Se considerarmos a administração da justiça, então entendemos que o Branqueamento deve ser tutelado no âmbito penal, tal como fez o legislador penal criminalizando as condutas de quem converter, transferir, auxiliar ou facilitar alguma operação de conversão ou transferência de vantagens, com o fim de dissimular a sua origem ilícita, ou de evitar que o autor ou participante dessas infracções seja criminalmente perseguido ou submetido a uma reacção criminal.

Por outro lado, se entendermos que o bem jurídico afectado na conduta de Branqueamento é a ordem socioeconómica, enquanto fator lesivo para a livre concorrência e a credibilidade e confiança nas instituições financeiras, apesar de não ser um bem jurídico penalmente relevante, deve, em todo o caso, ser merecedor de cobro do direito, pela relevância e afectação que tem nos mercados. É neste âmbito que damos forte relevo ao Direito Administrativo Sancionador.

O Direito Penal, como direito subsidiário, só deverá intervir na tutela de um bem jurídico-penal quando se esgotarem todos os outros ramos que possam, de alguma forma, proteger esse bem jurídico violado. Já relativamente ao Direito Administrativo Sancionador, pelo contrário, poderá existir uma intervenção preventiva na prática do crime de Branqueamento e por isso, protegendo igualmente a administração da justiça, mas também, e em especial, a ordem socioeconómica através de mecanismos de intervenção estadual.

A função do Estado Regulador vai ser determinante para um controlo mais rigoroso, impondo às entidades sujeitas regras de conduta específicas que fomentem a actividade económica de uma forma harmonizada, corrigindo as práticas que prejudiquem a economia.

No específico caso do Branqueamento, existem impedimentos para a participação na contratação pública das entidades candidatas que tenham sido condenadas por esse crime, o que demonstra a importância que estas condutas representam para o Estado. O legislador teve também o cuidado de definir exactamente quais as orientações que devem ser levadas em consideração pelas entidades sujeitas a negócios de valores elevados, sejam elas financeiras ou não financeiras. São, por isso, impostos vários deveres que visam especificamente combater o Branqueamento de Capitais, objecto de supervisão e fiscalização para um controlo rigoroso dessas actuações.

A intervenção Estadual termina a sua actuação exactamente onde começa o Direito Penal, ou seja, com a aplicação de contra-ordenações e infracções disciplinares, que representam as penas máximas que podem ser aplicadas pela Administração Pública. Assim, quem desrespeitar os deveres impostos para a prevenção de condutas que possam consubstanciar práticas de Branqueamento, será alvo de medidas contra-ordenacionais ou processos disciplinares, conforme se trate de entidades financeiras ou não financeiras.

REFERÊNCIAS

ANDRADE, Manuel da Costa. A Nova Lei dos Crimes Contra a Economia (Dec.-Lei n.º 28/84, de 20 de Janeiro) à Luz do Conceito de "Bem Jurídico". In: **Direito Penal Económico e Europeu**: Textos Doutrinários, Vol. I. Coimbra: Coimbra Editora, 1998.

ANTUNES, Maria João. A Problemática Penal e o Tribunal Constitucional. In: **Estudos em Homenagem ao Prof. Doutor José Joaquim Gomes Canotilho**, Vol. I. Coimbra: Coimbra Editora, 2012.

ANTUNES, Maria João. Direito Penal Fiscal – Algumas Questões da Jurisprudência Constitucional. In: **Direito Penal, Fundamentos Dogmáticos e Político Criminais, Homenagem ao Prof. Peter Hünerfeld**. Coimbra: Coimbra Editora, 2013.

BRANDÃO, Nuno. **Branqueamento de Capitais**: O Sistema Comunitário de Prevenção. Coimbra: Coimbra Editora, 2002.

CAEIRO, Pedro. A Decisão-Quadro do Conselho, de 26 de Junho de 2001, e a Relação entre a Punição do Branqueamento e o Facto Precedente: Necessidade e Oportunidade de uma Reforma Legislativa. In: **Separata de Liber Discipulorum para Jorge de Figueiredo Dias**. Coimbra: Coimbra Editora, 2003.

COSTA, José de Faria. O Branqueamento de Capitais (algumas reflexões à luz do direito penal e da política criminal). In: **Separata do Boletim da Faculdade de Direito**, Vol. LXVIII. Coimbra: Universidade de Coimbra, 1992.

DIAS, Jorge de Figueiredo. **Direito Penal, Parte Geral**, Tomo I, Ed. 2. Coimbra: Coimbra Editora, 2012.

DIAS, Jorge de Figueiredo. O "Direito Penal do Bem Jurídico" como Princípio Jurídico-Constitucional,Da Doutrina Penal, Da Jurisprudência Constitucional Portuguesa e das Suas Relações, In: **XXV Anos de Jurisprudência Constitucional Portuguesa**. Coimbra: Coimbra Editora, 2009.

DIAS, Jorge de Figueiredo. O Direito Penal Económico entre o Passado, o Presente e o Futuro. In: **Revista Portuguesa de Ciência Criminal**, Ano 22, n.º 3, jul-set. Coimbra: Coimbra Editora, 2012.

DIAS, Jorge de Figueiredo. O Direito Penal entre a "Sociedade Industrial" e a "Sociedade do Risco". In: **Revista Brasileira de Ciências Criminais**, Ano 9, n.º 33, jan-mar. São Paulo: Editora Revista dos Tribunais, 2001.

DUARTE, JORGE MANUEL VAZ MONTEIRO DIAS, *Branqueamento de Capitais, O Regime do DL 15/93, de 22 de Janeiro, e a Normativa Internacional,* Publicações Universidade Católica, 2002

FERREIRA, EDUARDO PAZ, *O Branqueamento de Capitais,* in Separata de Estudos de Direito Bancário, Faculdade de Direito da Universidade de Coimbra, Coimbra Editora, 1999, pp. 303 ss.

GODINHO, Jorge Alexandre Fernandes. **Do Crime de "Branqueamento" de Capitais, Introdução e Tipicidade**. Coimbra: Almedina, 2001.

GODINHO, Jorge Alexandre Fernandes. Para uma Reforma do Tipo de Crime de "Branqueamento" de Capitais. In: **Direito Penal, Fundamentos Dogmáticos e Político Criminais, Homenagem ao Prof. Peter Hünerfeld**. Coimbra: Coimbra Editora, 2013.

GONÇALVES, Pedro Costa. **Reflexões sobre o Estado Regulador e o Estado Contratante**. Coimbra: Coimbra Editora, 2013.

GONÇALVES, Manuel. As Especificidades do Crime Económico. In: **Revista Portuguesa de Ciência Criminal**, Ano 22, n.º 3, jul-set, Coimbra: Coimbra Editora, 2012.

HAMMERSCHMIDT, DENISE; *et alli*. Natureza e Fins da Regulação da Actividade Económica. In: **Revista Jurídica Cesumar**, Vol. 2, n. 1, 2002.

HIRECHE, Gamil Föppel el. **Análise Criminológica das Organizações Criminosas**: Da Inexistência à Impossibilidade de Conceituação e suas Repercussões no Ordenamento Jurídico Pátrio. Manifestação do Direito Penal do Inimigo. Rio de Janeiro: Lumen Juris Editora, 2005.

MARTINS, A. G. Lourenço. Branqueamento de Capitais: Contra-medidas a Nível Internacional e Nacional. In: **Revista Portuguesa de Ciência Criminal**, Ano 9, Fasc. 1.º, jan-mar, Coimbra: Coimbra Editora, 1999.

MEDEIROS, Juliana Viera Saraiva. O Bem Jurídico no Delito de Lavagem de Dinheiro. In: **XIV Congresso Nacional do Conpedi**, 2006, Fortaleza. Anais do XIV Congresso Nacional do Conpedi. Florianopolis: Fundação Boiteux, 2005.

MONIZ, Ana Raquel Gonçalves. A Crise e a Regulação: o Futuro da Regulação Administrativa. In: **A Crise e o Direito Público**, VI Encontro de Professores portugueses de Direito Público, Instituto de Ciências Jurídico-Políticas, Faculdade de Direito da Universidade de Lisboa, 2013.

MOREIRA, Vital; CANOTILHO, J. J. Gomes. **Constituição da República Portuguesa Anotada**. Vol. I, Ed. 4. Coimbra: Coimbra Editora, 2007.

PINHEIRO, LUÍS GOES, *O Branqueamento de Capitais e a Globalização (Facilidades na Reciclagem, Obstáculos à Repressão e algumas propostas de política criminal),* in Revista Portuguesa de Ciência Criminal, Ano 12, n.º 1, Janeiro-Março, Coimbra Editora, 2002, pp. 603 ss.

ROXIN, Claus. O Conceito de Bem Jurídico como padrão crítico da norma penal posto à prova (revista por Jorge de Figueiredo Dias) In: **Revista Portuguesa de Ciência Criminal**, Ano 23. Coimbra: Coimbra Editora, 2013.

SANO, Flora Pinotti. O Modelo de Supervisão Baseado em Risco e o Papel da Auto-Regulação. In: **Auto Regulação e Desenvolvimento do Mercado de Valores Mobiliários Brasileiro**. São Paulo: Editora Saraiva, 2008.

SANTOS, Cláudia Cruz. **O Crime de Colarinho Branco, a (des)igualdade e o problema dos modelos de controlo**, Temas de Direito Penal Económico. São Paulo: Editora Revista dos Tribunais, 2000.

SATULA, Benja. **Branqueamento de Capitais**. Universidade Católica, 2010.

SILVA, João Nuno Calvão da. O Estado Regulador, as Autoridades Reguladoras Independentes e os Serviços de Interesse Económico Geral. In: **Temas de Integração**, 2.º Semestre de 2005, n.º 20. Coimbra: Almedina, 2005.

STRATENWERTH, Günter. A Luta contra o Branqueamento de Capitais por meio do Direito Penal: o exemplo da Suíça, In: **Lusíada, Direito**, n.º 3. Porto: Universidade Lusíada, 2005.

VARELA, Maria de Lurdes Figueirinha. A Problemática do Branqueamento de Capitais e a sua Repercussão no Sistema Jurídico. In: **Revista Encontros Científicos**, n.º 2, Gestão, Turismo, Fiscalidade. Faro: Universidade do Algarve, 2006.

Impresso em julho de 2016